曾国藩奏折

——看名臣如何上书

曾国藩 著
宋璐璐 译

中国书籍出版社
China Book Press

图书在版编目（CIP）数据

曾国藩奏折：看名臣如何上书 /（清）曾国藩著；宋璐璐译 . -- 北京：中国书籍出版社，2015.1

（曾国藩全集精粹典藏本）

ISBN 978-7-5068-3362-2

Ⅰ . ①曾… Ⅱ . ①曾… ②宋… Ⅲ . ①曾国藩（1811～1872）—奏议 Ⅳ . ① K252.065

中国版本图书馆 CIP 数据核字（2013）第 021286 号

曾国藩奏折——看名臣如何上书

曾国藩　著　宋璐璐　译

策划编辑	武　斌
责任编辑	赵丽君
特约编辑	陈　娟　李明才
责任印制	孙马飞　马　芝
封面设计	北京天元晟然文化发展有限公司
出版发行	中国书籍出版社
地　　址	北京市丰台区三路居路 97 号（邮编：100073）
电　　话	（010）52257143（总编室）　（010）52257140（发行部）
电子邮箱	chinabp@vip.sina.com
经　　销	全国新华书店
印　　刷	三河市汇鑫印务有限公司
开　　本	710 毫米 ×1000 毫米　1/16
字　　数	300 千字
印　　张	13
版　　次	2015 年 1 月第 1 版　2015 年 1 月第 1 次印刷
书　　号	ISBN 978-7-5068-3362-2
定　　价	29.80 元

版权所有　翻印必究

总 序

曾国藩是影响最大的晚清人物之一，他靠镇压太平天国起义起家，是清朝的"救命恩人"；他整顿湘军，使湘军将帅廉勇，军纪严明，成为一支骁勇善战的军队；他"匡救时弊"、整顿政风，倡导学习西方文化，发起洋务运动，使晚清出现了"同治中兴"；他克己唯严，标榜道德，崇尚气节，身体力行，获得了许多人的拥戴；他的学问文章兼收并蓄，博大精深，是近代大儒，"其著作为任何政治家所必读"；他以自己的独特经历和行为，成就了儒家的修身、齐家、治国、平天下目标和立功、立德、立言"三不朽"事业，甚至有人称其为"中华千古完人"。

曾国藩当然不是什么"中华千古完人"，其武功德行也由于时势的律动呈现出复杂的效应。但不可否认的是，曾国藩一生言行，的确体现了高超的智慧，值得后人认真总结，细致玩味。近年来，曾国藩论著的流行，正是这种需求的有力印证。作为对曾国藩思想智慧的分类展示，我们精心编选了《曾国藩全集精粹典藏本》，书系包括了《曾国藩家书·家训：看先贤如何齐家》《冰鉴·日记：看领导者如何识人、修身》《败经·挺经：看智者久立不败之术》《曾国藩奏折：看名臣如何上书》《曾国藩用兵谋略：看勇者如何带兵》以及《曾国藩诗文集：看学者笔下生花》，集结了曾国藩智慧的精华部分。

《曾国藩家书家训》整理并收录了《家书》七篇和《家训》五篇，全书行文从容镇定，形式自由，在平淡家常中蕴含真知良言，具有极强的说服力和感召力。

《冰鉴·日记》整理并收录了《冰鉴》七篇和《日记》八篇。《冰鉴》全面深入地剖析了辨貌、观行、识人的要领，可帮助人们在纷繁复杂的人际交往中分辨人的品格、能力和德操，在现代社会仍有借鉴意义。曾国藩一生坚持写日记，在日记中他记录自己的行为、反思自己的过错、检讨自己的得失，其中所体现的严于律己的精神是其取得功绩的秘诀之一。

《败经·挺经》整理并收录了《败经》十八篇和《挺经》十八篇。《败经》是一部具有实用价值的析败致胜的佳作，其内容包括曾国藩一生对"败"的深刻理解与感悟。《挺经》乃曾国藩对自己一生成功经验和失败教训的全面总结，言简意赅地表达了曾国藩成就事业的要旨、心得。

《曾国藩奏折》整理并收录了曾国藩生前的奏折数十篇。全书体现了晚清时期大臣与君王之间的微妙关系，将曾国藩在险恶政治环境中的生存智慧清晰地呈现在读者面前。

《曾国藩用兵谋略》是曾国藩对自己治军思想的高度总结，阐发了诸如军事上如何选用人才、如何对待将领、如何进行改革等许多道理，对现代读者的人生、工作、事业同样有着宝贵的借鉴意义。

《曾国藩诗文集》分为文集和诗集两部分。曾国藩一生留下了大量的文章、诗歌，后世文章大家梁启超对曾国藩的文章大加称赞，说单就文章而言，曾国藩也"可以入文苑传"。本书选取了曾氏的诗文代表作，让读者得以领略这位晚清名臣的文字造诣和文学修养。

阅读《曾国藩全集精粹典藏本》，可以让我们全方位地认识曾国藩、了解曾国藩，领略曾国藩的智慧与学识，进而通过曾国藩形象地感受中国传统文化的精彩与局限。

前　言

曹丕曾经说过："文章乃经国之大业，不朽之盛事。"这句话被无数文人引用。其实，大多数文章是攀不得"经国大业"的高度，只有奏折这种文体或可近之。

奏折是古代大臣与帝王沟通的重要途径，也是臣子与帝王联络感情的重要纽带之一。古代臣子因为一纸奏折成名或者身败的事例颇多，所以奏折应怎样立论行文，凝结了很多不为人知的奥秘，体现了古代官场生存的多种智慧。其中，以曾国藩的奏折最为成功。

曾国藩的奏折涉及多方面的内容，大体可以分为以下几个方面：

一、积极进言献策，反应社情民意

作为朝廷的部院负责人，曾国藩心系天下百姓，经常通过奏折来反映社情民意，比如，在《备陈民间疾苦疏》中，他声情并茂地向当权者陈述了民间的三大疾苦："一曰银价太昂，钱粮难纳也"，"二曰盗贼太众，良民难安也"，"三曰冤狱太多，民气难伸也"。曾国藩正是用这种方式积极进言，表露了自己的抱负才能，获得了更大的知名度，从而引起最高决策层的重视。

二、抓住机会，借助朝廷力量壮大自己力量

作为身处大局重新"洗牌"特殊时期的离职大臣，曾国藩充分利用各种转瞬即逝的天赐良机，快速向朝廷上折，借助朝廷的力量，将自己的事业做大做强，从而成为镇压太平天国运动第一"功臣"，引导那一时代的风骚。

三、面对各种腐败现象，严肃处理

作为执掌兵符的战地统帅，曾国藩面对军中各种腐败现象，比如，将不用心、兵不用命的情况，一向奉行严肃处理的原则。这些奏折中以参江西巡抚陈启迈为例，他曾历数陈的过失：

"第一，欺君罔上。"

"第二，朝令夕更，反复无常。"

"第三，不办团练。"

"第四，纲纪废弛。"

并且，他还恳请皇上考虑封疆大吏在战争中关系非轻，而且巧妙地点出自己虽与陈"同乡，同年，同官翰林，向无嫌隙"，但考虑到大局，深以之为忧。通篇写得如万矢齐发，莫不中的。他就是以此来树立自己的权威，从而取得了军事上的胜利。

四、借上奏机会，巧妙与朝廷周旋

作为手握重权的地方官，曾国藩自然也会遭到掌权者的猜忌，一不小心就可能身首异处。很显然，曾国藩对此非常了解。他充分利用上奏申述的机会，巧妙地与朝廷进行周旋，不仅达到了自己的目的，而且还不得罪最高决策层。

曾国藩是一个想干一番大事业的聪明人，他懂得如何通过奏折来提出自己的创意设想，并且赢得朝廷的全面赞同。

我们精心挑选了曾国藩最具代表性的奏折，编辑成《曾国藩奏折——看权臣如何上书》。为了让读者摆脱文字晦涩难懂的困扰，本书还专门为每篇奏折配了"译折"，将每篇奏折译成白话译文，语言简洁明了，通俗易懂，让读者可以轻轻松松地明悉中国历史文化之奥妙，领略封建时代为官处世的许多精微之理。

目录

总序 …………………………………… 1

前言 …………………………………… 3

授翰林院侍讲及四川正考官呈请代奏谢恩状 …………… 1

应诏陈言疏 ………………………………… 4

备陈民间疾苦疏 …………………………… 19

严办土匪以靖地方折 ……………………… 31

特参长沙协副将清德折 …………………… 40

移驻衡州折 ………………………………… 43

报东征起程日期折 ………………………… 47

留胡林翼黔勇会剿片 ……………………… 51

缕陈鄂省前任督抚优劣折 ………………… 53

奏参江西巡抚陈启迈折 …………………… 62

报丁父忧折 ………………………………… 77

沥陈办事艰难仍吁恳在籍守制折 ………… 85

恭报起程日期折 …………………………… 94

谢曾骥云赐封典恩折 ……………………… 98

遵旨会筹规剿皖逆折 ……………………… 102

谢署两江总督恩折 …… 109

苏常无锡失陷遵旨通筹全局并办理大概情形折 …… 113

奏请带兵北上以靖夷氛折 …… 122

遵旨复奏借俄兵助剿发逆并代运南漕折 …… 129

克复安庆省城片 …… 138

沥陈前湖北抚臣胡林翼忠勤勋绩折 …… 142

恳辞节制浙省各官及军务等情折 …… 151

请起用沈葆桢折 …… 158

参翁同书片 …… 162

查复何桂清退守情形折 …… 166

请简亲信大臣会办军务片 …… 173

恳辞曾国荃补授浙抚并谢恩折 …… 178

曾国荃因病请开缺回籍调理折 …… 184

江南贡院修复工竣拟即举行乡试请简放考官折 …… 190

副将刘世玉复姓归宗片 …… 196

参考文献 …… 199

授翰林院侍讲

及四川正考官呈请代奏谢恩状

道光二十三年八月初四日

【原文】

新补翰林院侍讲充四川正考官曾国藩为呈请代奏,恭谢天恩事。

八月初三日,接到知会转准吏部咨称七月十五日奉旨:"曾国藩准其补授翰林院侍讲,钦此"。窃国藩楚省菲材,山乡下士。西清待漏,惭四术之多疏;东观校书,尤三长之有忝。本年三月初十日,一廷试翰詹,猥以芜词,上邀藻鉴,列置优等,授翰林一院侍讲。沐殊宠之逾恒,俾迁阶以不次。旋于六月二十二日,奉命充四川乡试正考官,温纶再捧,寸衷之惶悚弥深;使节初持,万里而驰驱未已。乃复荷高

深之宠,俾真除侍从之班。愧屡沐夫鸿施,曾无坠露轻尘之报,惟勉勤乎蛾术,益凛临深履薄之思。所有国藩感激下忱,理合呈请代奏,叩谢天恩。谨呈。

【译文】

新上任的翰林院侍讲充任四川乡试正考官曾国藩，为了答谢圣恩，请人代递奏折给圣上。

八月初三，便收到了差人送来的吏部咨文，上面说七月十五日奉旨："曾国藩准予补授翰林院侍讲，钦此"。心里还暗暗思量，臣只不过是湖南省的一个寻常百姓，是一个穷乡僻壤的乡下之士而已。个人才学很难称得上翰林院侍讲一职，在众多修编史书的官吏中，也只属于末席人士。今年三月初十日，朝廷举行了翰林院与詹事府官员的考试，臣以很粗糙的词句，竟然能够得到皇上的赏识，被排在了优等的位置，晋升为翰林院侍讲。因为皇恩浩荡才有了这一次打破常规的升迁。接下来则是在六月二十二日的时候，臣奉皇命担当了四川乡试的正考官。这道圣旨更是令我惶恐不安；第一次担任这等重任，我已经做好了奔波万里的准备。我还蒙受了这么大的恩宠，能够在文学侍从中有一席之地。对于这屡次的厚爱嘉奖，我却连露珠般微小的回报都没有给圣上，甚是惭愧；只有以后更加努力地学习，抱着如履薄冰的态度忠于职守。曾国藩这种感激的心情，理当带人传达奏报，这样才能够对得起天恩，谨以此呈上。

应诏陈言疏

道光三十年三月初二日

【原文】

奏为应诏陈言事。

二月初八日，奉皇上谕令，九卿科道有言事之责者，于用人、行政一切事宜，皆得据实直陈，封章密奏。仰见圣德谦冲，孜孜求治。臣窃维用人、行政，二者自古皆相提并论。独至我朝，则凡百庶政，皆已著有成宪，既备既详，未可轻议。今日所当讲求者，惟在用人一端耳。方今人才不乏，欲作育而激扬之，端赖我皇上之妙用。大抵有转移之道，有培养之方，有考察之法，三者不可废一，请为我皇上陈之。

所谓转移之道，何也？我朝列圣为政，大抵因时俗之过而矫之使就于中。顺治之时，疮痍初复，民志未定，故圣祖继之以宽；康熙之末，久安而吏弛，刑措而民偷，故世宗救之以严；乾隆、嘉庆之际，人尚才华，士骛高远，故大行皇帝敛之以镇静，以变其浮夸之习。一时人才循循规矩准绳之中，无有敢才智自雄、锋芒自逞者。然有守者多，而有猷有为者渐觉其少。大率以畏葸为慎，以柔靡为恭。以臣观之，京官之办事通病有二：曰退缩，曰琐屑；外官之办事通病有二：曰敷衍，曰颟顸。退缩者，同官互推，不肯任怨，动辄请旨，不肯任咎是也。琐屑者，利析锱铢，不顾大体，察及秋毫，不见舆薪是也。敷衍者，装头盖面，但计目前剜肉补疮，不问明日是也。颟顸者，外面完全，而中已溃烂，章奏粉饰，而语无归宿是也。有此四者，习俗相沿，但求苟安无过，不求振作有为，将来一有艰巨，国家必有乏才之患。我大行皇帝深知此中之消息，故亟思得一有用之才，以力挽颓风。去年京察人员，数月之内，擢臬司者三人，擢藩司者一人，盖亦欲破格超迁，整顿积弱之习也。无如风会所趋，势难骤变。今若遽求振作之才，又恐躁竞者因而幸进，转不足以收实效。臣愚以为欲使有用之才不出范围之中，莫若使之从事于学术。汉臣诸葛亮曰："才须学，学须识。"盖至论也。然欲人才皆知好学，又必自我皇上以身作则，乃能操转移风化之本。臣考圣祖仁皇帝登极之后，勤学好问，儒臣逐日进讲，寒暑不辍；万寿圣节，不许间断；三藩用兵，亦不停止；召见廷臣，辄与之往复讨论。故当时人才济济，好学者多。至康熙末年，博学伟才，大半皆圣祖教谕而成就之。今皇上春秋鼎盛，正与圣祖讲学之年相似。臣之愚见，欲请俟二十七月后，举行逐日进讲之例。四海传播，

人人响风。召见臣工,与之从容论难,见无才者,则勖之以学,以痛惩模棱罢软之习;见有才者,则愈勖之以学,以化其刚愎、刻薄之偏。十年以后,人才必大有起色。一人典学于宫中,群英鼓舞于天下,其几在此,其效在彼,康熙年间之往事,昭昭可观也。以今日之委靡因循,而期之以振作;又虑他日更张偾事,而泽之以《诗》、《书》。但期默运而潜移,不肯矫枉而过正。盖转移之道,其略如此。

所谓培养之方,何也?凡人才未登仕版者,姑不具论。其已登仕版者,如内阁、六部、翰林院最为荟萃之地,将来内而卿相,外而督抚,大约不出此八衙门。此八衙门者,人才数千,我皇上不能一一周知也。培养之权,不得不责成于堂官。所谓培养者,约有数端:曰教诲,曰甄别,曰保举,曰超擢。堂官之于司员,一言嘉奖,则感而图功;片语责惩,则畏而改过。此教诲之不可缓也。榛棘不除,则兰蕙减色;害马不去,则骐骥短气。此甄别之不可缓也。嘉庆四年、十八年,两次令部院各保司员,此保举之成案也。雍正年间,甘汝来以主事而赏人参,放知府;嘉庆年间,黄钺以主事而充翰林,入南斋,此超擢之成案也。盖尝论之,人才譬之禾稼,堂官之教诲,犹种植耘耔也,甄别则去其稂莠也,保举则犹灌溉也,皇上超擢,譬之甘雨时降、苗勃然兴也;堂官常到署,譬之农夫日日田间,乃能熟悉穑事也。今各衙门堂官,多内廷行走之员,或累月不克到署,与司员恒不相习,自掌印、主稿数人而外,大半不能识面,譬之嘉禾、稂莠,听其同生同落于畎亩之中，而农夫不问。教诲之法无闻，甄别之例亦废，近奉明诏保举，又但及外官，而不及京秩，培养之道，不尚有未尽者哉！自顷岁以来，六部人数日多，或二十年不得补缺，或终身不得主稿；内阁、翰林院员数，亦三倍于前，往往十年不得一差，不迁一秩，固已英才摧挫矣。而堂官又多在内廷，终岁不获一见，如吏部六堂，内廷四人；礼部六堂，内廷四人；户部六堂，皆直内廷；翰林两掌院，皆直内廷。在诸臣随侍御园，本难分身入署，而又或兼摄两部，或管理数处。为司员者，画稿则匆匆一面，白事则寥寥数语，纵使才德俱优，曾不能邀堂官之一顾，又焉能达天子之知哉！以若干之人才，近在眼前，不能加意培养，甚可惜也。臣之愚见，欲请皇上稍为酌量，每部须有三、四堂不入直内廷者，令其日日到署，以与司员相砥砺。翰林掌院，亦须有不直内廷者，令其与编、检相濡染。务使属官之性情、心术，长官一一周知。皇上不时询问，某也才，某也直，某也小知，某也大受，不特属官之优劣粲然毕呈，即长官之深浅亦可互见。旁考参稽，而八衙门之人才，同往来于圣主之胸中，彼司员者，但令姓名达于九重，不必升官迁秩，而已感激无地矣。然后保举之法，甄别之例，次第举行乎旧章。皇上偶有超擢，则根楠一升，而草木之精神皆振。盖培养之方，其略如此。

所谓考察之法，何也？古者询事、考言，二者并重。近来各衙门办事，小者循例，大者请旨。本无才猷之可见，则莫若于言考之。

而召对陈言，天威咫尺，又不宜喋喋便佞，则莫若于奏折考之矣。国家定例，内而九卿科道，外而督抚藩臬，皆有言事之责。各省道员，不许专折谢恩，而许专折言事。乃十余年间，九卿无一人陈时政之得失，司道无一折言地方之利病，相率缄默，一时之风气，有不解其所以然者；科道间有奏疏，而从无一言及主德之隆替，无一折弹大臣之过失，岂君为尧、舜之君，臣皆稷、契之臣乎？一时之风气，亦有不解其所以然者。臣考本朝以来，匡言主德者，孙嘉淦以自是规高宗，袁铣以寡欲规大行皇帝，皆蒙优旨嘉纳，至今传为美谈；纠弹大臣者，如李之芳参劾魏裔介，彭鹏参劾李光地，厥后四人，皆为名臣，亦至今传为美谈。自古直言不讳，未有盛于我朝者也。今皇上御极之初，又特诏求言，而褒答倭仁之谕，臣读之至于抃舞感泣，此诚太平之象。然臣犹有过虑者，诚见我皇上求言甚切，恐诸臣纷纷入奏，或者条陈庶政，颇多雷同之语，不免久而生厌；弹劾大臣，惧长攻讦之风，又不免久而生厌。臣之愚见，愿皇上坚持圣意，借奏折为考核人才之具，永不生厌斁之心。涉于雷同者，不必交议而已；过于攻讦者，不必发钞而已。此外则但见其有益，初不见其有损。人情狃于故常，大抵多所顾忌，如主德之隆替，大臣之过失，非皇上再三诱之使言，谁肯轻冒不韪？如藩臬之奏事，道员之具折，虽有定例，久不遵行，非皇上再三迫之使言，又谁肯立异以犯督抚之怒哉？臣亦知内外大小，群言并进，即浮伪之人，不能不杂出其中。然无本之言，其术可以一售，而不可以再试，朗鉴高悬，岂能终遁！方今考九卿之贤否，但凭召见之应对；考科道之贤否，但凭三年之京察；考司道之贤否，但凭督抚之考语。若使人人建言，参互质证，岂不更为核实乎？臣所谓考察之法，其略如此。三者相需为用，并行不悖。

臣本愚陋，顷以议礼一疏，荷蒙皇上天语褒嘉，感激思所以报。但憾识见浅薄，无补万一。伏求皇上怜其愚诚，俯赐训示，幸甚。谨奏。

【译文】

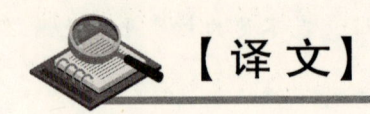

为响应诏命陈述个人意见之事而奏报。

二月初八的时候,臣奉了皇上的旨意,每个部门的领导以及负责监察献言之责的科道官员,都应该对朝廷用人行政等多方面的一切事情部署要如实相告,并且还要以密件的形式上报。从这道命令上来看,皇上品德兼优,并且励精图治。臣个人认为,用人和行政,两者要并驾齐驱,这是自古以来都不能更变的道理。可是到了我们清朝,朝廷对于政事有着各种各样的策略制度,比较完整详细,不容许任何人随意讨论。所以说我们今天应该将用人放在第一位,好好研究一下才是。现在,我朝不缺乏人才,应该要给这些人进行最好的教育,让他们才有所用,这其中也确实需要花费大量的精力和技巧。总的来说,这样的机制分为三点:一是转移,二是培养,三是考察。三者缺一不可,还请求能够让我为皇上详细陈述。

第一,转移到底是什么呢?我大清每一代君王,大都会为一时一地的积弊,而及时地制定措施弥补纠正。顺治皇帝的时候,因为战争刚刚结束,国家趋近稳定,但是民心还未稳定,所以说圣祖皇帝(康熙)

便制定了以"宽和"为主的政策。康熙末期，国家平安常乐，国泰民安，所以吏治松弛下来，没有了刑罚措施，致使偷盗猖獗，所以雍正帝便设置了严厉的刑罚，以此来整顿吏治。到了乾隆和嘉庆的时候，才华人士充斥于社会，一些读书人好高骛远，所以我们的道光皇帝便采取镇静的措施来对此压制，希望能够改变这种浮夸之风。规矩制定之后，所有人才都循规蹈矩，不敢再依仗着自己的才华，恃才傲物。

于是喜欢守旧的人增多，而有远大抱负的人则是逐步减少。很多人将胆小做事当作谨慎的原则，将随声附和作为处世的恭敬。在我看来，京里的官员都有那么两个通病：第一是退缩，第二则是琐屑；地方官员办事也有两个通病，一为敷衍了事，二为颟顸。喜欢退缩的人，在同级官员之间相互推脱责任，不愿意多担负一点事情，请旨如家常便饭，将所有的忧虑全部推给了朝廷，害怕自己承担一点的责任。那些琐屑之人，喜欢斤斤计较，不顾全大局，只看到事物的一个小末端。敷衍之人，将眼前的事情看得无比重要，哪怕改头换面也要敷衍眼前，从来不会考虑到以后的后果。颟顸之人，外观上一表人才，实际上肚子里一点政绩都没有，而且一塌糊涂，用一些太平的字眼粉饰国家，没有起到丝毫的作用。这是四种通病，甚至已经形成了一种风气，都想着能够平安度日，不求大有作为，如果国家遇到什么困难的事情，最主要的忧患就是没有有志之士。大行皇帝对于这种现状也很忧虑，所以他迫不及待地去寻找一些有用的人才，期望着能够整顿这种颓废

之风。去年在京察官员中，几个月的时间，提拔为臬司的有三个人，提拔为藩司的有一个人，圣上也是想利用破格提拔的方式，来整顿日渐疲软的习气。很无奈的是，这种风气形成已久，一时间不可能有大的改变。现在想着在短时间内求得励精图治之才，又害怕那些激进者有了投机取巧的机会，到最后反而收不到任何的效果。依照臣的愚见，如果想将这些有识之士纳入囊中，而又能够很好地发挥作用，最好的办法就是让他们努力求取学问。

汉臣诸葛亮说："才华是从学习中来的，学习则是以见识为基础的。"这种言论很是精当。但是，想要人才都能够懂得好学，皇上必须以身作则，这样才是转化时下风气的根本。臣听闻康熙皇帝登基之后，变得更加勤学好问，那些儒家大臣每天都进宫讲课，不管冬夏寒暑，从不间断，甚至连过生日、平三藩之乱的战争中也不会停止。在召见朝廷大臣的时候，也和他们反复地讨论学问。所以，当时人才辈出，喜欢学习的人层出不穷。到了康熙末年，那些有着博学伟才的人，基本上都是遵循了圣祖的教谕而成的。而今皇上正值青春，和圣祖勤学好问的年纪差不多。依照臣的愚见，可以在二十七个月之后，将圣祖每日进讲的旧例恢复。

这样下去，便会传播于四海，人们闻之而起。皇上在召见侍臣的时候，和他们从容地讨论学术上的疑难问题，如果碰到那些没有才能的人，就给予他们鼓励，并且严厉整治喜欢模棱两可办事的风气；

碰到那些有才华的人，则更需要勉励他勤奋学习，以此来化解他的刚愎自用、刻薄苛严的错误。这样历经十年之后，朝廷的人才一定会大有起色的。圣上自己以身作则，朝廷上下都会受到鼓舞。源头在皇宫，成效却在全国各地。康熙年间的往事，到了今天都能够很清楚地看到。以当下世风萎靡守旧的因素，所以才期盼世风整顿的那一天。又考虑到今后他们会因为这样而张扬狂妄，于是又作了《诗》《书》等经典来加以惠泽。只是期望能够让人们在潜移默化中而慢慢改正并不想矫枉过正。所谓的人才转移之道，基本上也就是这样了。

第二，培养的方法又是什么呢？暂且不说那些没有步入官场的有才之士。那些已经步入官场的人，比如说内阁、六部、翰林院等，这些地方可都是群英聚集之地，将来的朝廷卿相，地方上的督抚，基本上都不会出了这八大衙门。这八大衙门中的人才几千，皇上不可能一一都知道。所以培养这些人才的任务，不得不交给每个衙门的堂官来处理。培养人才的方法有几点：一为教诲，一是甄别，一是保举，一是提拔。堂官对部属适当地嘉奖，能够令部属感恩戴德，从而知恩图报；一丁点的批评，便会因为害怕而及时纠正过错。这种教育方式一刻都不能缓解。荆棘不拔除，兰蕙就不会长得好看；害马不去掉，骐骥的志气便不会舒张。这也是甄别的作用，一刻都容不得轻视。嘉庆四年、十八年，朝廷曾经两次命令各部院堂官推荐中下级官员，这也是开创了保举的先例。雍正年间，甘汝来因为主事妥当，而赏赐

了人参,并且外放为知府。嘉庆年间,黄钺则亦是因为主事身份而进入翰林,在圣上的南书房当值。这也就是破格升迁的先例。可以这样说,人才就好像是庄稼,对官员的教诲就好像在悉心栽培植物一样,而甄别则是分辨出其中的良莠,保举就好像是灌溉,皇上的越级提拔就比如甘霖,禾苗正是因为这样才能生长得兴旺。每一个官员都应该到自己的衙门,就好像农夫每天去田间耕作,只有这样才能熟悉庄稼生长的情况。

现在每一个部门的堂官,基本上都在内廷当值,甚至还有几个月不到署的情况,和部属们之间的关系疏淡,除了掌管官印和主稿的几个人之外,很多的人没有办法见上一面。就好像是禾苗与稗草,让它们在田间自生自灭,农夫则是不闻不问。

教诲之法不听,甄别的例子也已经废除,近年来接到保举明令,只是涉及地方官员,从来不会提拔京官。那么,培养之道不是有欠缺吗?这几年来,六部的人员越来越多,有的人甚至等了二十年都没有一个职位可升职,甚至有的一辈子都没有得到主稿的机会。内阁、翰林院的人数也是以前的三倍,十年不得一个差事,不能获得一步升迁,这已经造成人才浪费了。而堂官们基本上在内廷办事,一年到头见不到一面。好比吏部中的六个堂官,有四个是在内廷当差;礼部中的六个堂官,同样有四个在内廷当差;户部中六个堂官,则都在内廷当差;翰林院两个学士,一样在内廷当差。这些官员中,有很多都是随侍御园的，本来就很难再去管理其他的事情，更何况有的竟然兼署了两个部，或者是同时管理多个地方。作为中下级官员，只有在拟定文稿的时候才能和上司见上一面，或者是在汇报工作的时候简单地说上两句，哪怕这个人才华横溢，也不可能得到被上司发现的机会，又怎么能指望让圣上得知他的存在呢？现在有很多人才，都是近在眼前，却无法进行栽培，实在是太可惜了。

依照臣的愚见，还请圣上多加酌量考虑，每个部门一定要有三至四个堂官不再去内廷当差，严令他们每天要去衙门办事，这样才能方便和部属们协商政务。翰林院掌院学士，也必须有不在内廷当差的人，命令他和翰林院的编修、检讨等人在一起相互讨论学问。属官的性情、心术等都必须让主管官员心中明了。皇上也要不时询问部门的堂官，以了解哪个人有才干，哪个人的品性正直，谁能够做小事，谁能够担当大任。只有这样，不但可以得知各个官员的品性，还能够将官员的学识深浅测试出来。从旁考核，相互督查，这样八大衙门中的人才情况，圣上都能够了如指掌。那些中下级的官员们，圣上只要知道他们的名字，就能够让他们感恩戴德了。于是保举之法、甄别之事，才能够有秩序地向前推进。皇上一时的越级提拔，更是能够让优秀人才得到晋升，普通官员的精神也都振奋起来。培养的方法，基本上也就这些了。

第三，所说的考察之法是什么呢？古代将询事和考察看得极其重

要。各衙门办事，小事务则是依照惯例办理，大事情则是要请示皇上，他的才干谋略从这些日常工作上没有办法看出来，倒不如从言论上进行考察。而如果面对面地回答，圣上近在眼前，因为天威还不敢放开去议论，如此，还不如从奏折里面去考察。朝廷有规定，京官中的每一个部门堂官以及都察院的监察御史六部给事中，地方上的总督巡抚藩司臬司等，都有向皇上禀明公事的责任所在。每个省的道员，不容许用奏折谢恩，但可以呈奏折言事。但是十多年来，各部门的堂官，竟没有一个人能够道出时政方面的得失，地方上的两司以及道员等官员，更是没有提及一点地方上的利弊，大家对于这件事情都保持沉默。这样的风气，不知道它形成的理由。御史呈奏折，也没有一人提及皇上的品德优劣，没有一道折子敢于指明大臣的过失。难道皇上真的像尧、舜等那样的圣君，臣子都如同稷和契一类的贤臣吗？这种风气，也是不知道怎么出现的。

臣考察过自我朝以来，能够直言皇上品德方面有这几个，孙嘉淦曾经规劝乾隆皇帝预防自以为是的作风，袁铣也上书劝道光皇帝要清心寡欲，这些都受到了表扬。这两件事情传为美谈。敢于指正大臣的有，李之芳弹劾魏裔介，彭鹏弹劾李光地，这四个人都成了一朝的名臣，如今也被传为美谈。从古至今，能够直言不讳的，恐怕没有能够超过我们朝代的了。如今圣上初登大位，还特意颁发圣旨昭告天下，希望能够征求谏言，对于倭仁的言折还给予了嘉奖。臣读了这些之后，心中万分激动，这才是国家太平的景象。

可是，臣还是有担心之处，圣上现在求言心切，恐怕大臣们都会纷纷上奏，或者是讨论时下政务，奏折内容也是千篇一律，这种折子看多了，皇上不免久而生厌。弹劾大臣，害怕助长了攻讦的风气，久而久之，心生厌烦。为臣的建议，只希望皇上能够坚持原来的意思，对于奏折来考察人才的方式，不要心生厌恶。对于那些相似的折子，不用太过的议论；那些涉及攻讦的折子，也不必公开而已。另外，只接纳好的一面，不要去计较它有害的一面。顾虑太多这也是人之常情。比如说皇上品德上的过失，大臣们的长短，如果不是皇上再三地鼓励，谁愿意去轻易冒犯呢？比如说藩司臬司的奏折事由，道员的专门奏折，虽然这些都有规定，但是长时间以来早就不遵循了，如果不是皇上强迫他们要述说自己的意见，又有谁愿意成为众矢之的呢？为臣也知道，中央、地方的大小官员都要上书献言，其中不乏一些浮躁虚伪的人，然而那些无凭无据的建言，只可以上奏一次，不可能一再地述说。这就需要皇上您英明如明镜高悬，不能让那些作假的人逃之夭夭。当今考察九卿之贤与不贤，只是单凭召见时的答对；考察御史给事中的贤与不贤，也只是那三年一次的京察；考察藩司臬司道员的贤与不贤，只有总督巡抚的评语。如果让人人建言，相互参照，这样岂不是更为真实吗？臣所说的考察之法，基本上也就是这样了。转移、培养、考察这三者相互之间的协作配合，相互补充。

臣本来就很愚笨，就在前两天作了礼疏而被皇上赞赏，心中亦是万分的感激，想着要报答圣恩才呈递此项奏折。可是很遗憾臣的见识比较浅薄，所说的这些还不能具有万分之一的裨益，请求皇上能够体恤臣的愚诚之心而多加训示，我就会感觉到很幸运了。谨奏。

备陈民间疾苦疏

咸丰元年十二月十八日

【原文】

奏为备陈民间疾苦,仰副圣主爱民之怀事。臣窃闻国贫不足患,惟民心涣散,则为患甚大。自古莫富于隋文之季,而忽致乱亡,民心去也;莫贫于汉昭之初,而渐致乂安,能抚民也。我朝康熙元年至十六年,中间惟一年无河患,其余岁岁河决,而新庄高堰各案,为患极巨;其时又有三藩之变,骚动九省,用兵七载,天下财赋去其大半,府藏之空虚,殆有甚于今日。卒能金瓯无缺,寰宇清谧,盖圣祖爱民如伤,民心固结而不可解也。我皇上爱民之诚,足以远绍前徽。特外间守令,或玩视民瘼,致圣主之德意不能达于民,而民间之疾苦不能诉于上。臣敢一一缕陈之:

一曰银价太昂，钱粮难纳也。苏、松、常、镇、太钱粮之重，甲于天下。每田一亩，产米自一石五六斗至二石不等，除去佃户平分之数与抗欠之数，计业主所收，率算不过八斗。而额征之粮已在二斗内外，兑之以漕斛，加之以帮费，又须各去米二斗。计每亩所收八斗，正供已输其六，业主只获其二耳。然使所输之六斗，皆以米相交纳，则小民犹为取之甚便。无如收本色者少，收折色者多。即使漕粮或收本色，而帮费必须折银，地丁必须纳银。小民力田之所得者米也，持米以售钱，则米价苦贱而民怨；持钱以易银，则银价苦昂而民怨。东南产米之区，大率石米卖钱三千，自古迄今，不甚悬远。昔日两银换钱一千，则石米得银三两。今日两银换钱两千，则石米仅得银两五钱。昔日卖米三斗，输一亩之课而有余。今日卖米六斗，输一亩之课而不足。朝廷自守岁取之常，小民暗加一倍之赋。此外如房基，如坟地，均须另纳税课。准以银价，皆倍昔年。无力监追者，不可胜计。州县竭全力以催科，犹恐不给，往往委员佐之，吏役四出，昼夜追比，鞭朴满堂，血肉狼藉，岂皆酷吏之为哉！不如是，则考成不及七分，有参劾之惧；赔累动以巨万，有子孙之忧。故自道光十五年以前，江苏尚办全漕，自十六年至今，岁岁报歉，年年蠲缓，岂昔皆良而今皆刁？盖银价太昂，不独官民交困，国家亦受其害也。浙江正赋与江苏大略相似，而民愈抗延，官愈穷窘，于是有"截串"之法。"截串"者，上忙而预征下忙之税，今年而预截明年之串。小民不应，则稍减其价，招之使来。预截太多，缺分太亏，后任无可复征，使循吏亦无自全之法。

则贪吏愈得借口鱼肉百姓，巧诛横索，悍然不顾。江西、湖广课额稍轻，然自银价昂贵以来，民之完纳愈苦，官之追呼亦愈酷。或本家不能完，则锁拿同族之殷实者而责之代纳。甚者或锁其亲戚，押其邻里。百姓怨愤，则抗拒而激成巨案。如湖广之耒阳、崇阳，江西之贵溪、抚州，此四案者，虽闾阎不无刁悍之风，亦由银价之倍增，官吏之浮收，差役之滥刑，真有日不聊生之势。臣所谓民间之疾苦，此其一也。

二曰盗贼太众，良民难安也。庐、凤、颍、亳一带，自古为群盗之薮。北达丰、沛、萧、砀，西接南、汝、光、固，此皆天下腹地，一有啸聚，患且不测。近闻盗风益炽，白日劫淫，捉人勒赎，民不得已而控官。官将往捕，先期出示，比至其地，牌保辄诡言盗遁。官吏则焚烧附近之民房，示威而后去，差役则讹索事主之财物，满载而后归，而盗实未遁也。或诡言盗死，毙他囚以抵此案，而盗实未死也。案不能雪，赃不能起，而事主之家已破矣。吞声饮泣，无力再控。即使再控，幸得发兵会捕，而兵役平日皆与盗通，临时卖放，泯然无迹；或反借盗名以恐吓村愚，要索重贿，否则，指为盗伙，火其居而械系之；又或责成族邻，勒令缚盗来献，直至缚解到县，又复索收押之费，索转解之资。故凡盗贼所在，不独事主焦头烂额，即最疏之戚，最远之邻，大者荡产，小者株系，比比然也。往者嘉庆川、陕之变，盗魁刘之协者，业就擒矣，太和县卖而纵之，遂成大乱。今日之劣兵蠹役，豢盗纵盗，所在皆是，每一念及，可为寒心。臣在刑部见疏防盗犯之稿，日或

数十件，而行旅来京言被劫不报、报而不准者，尤不可胜计。南中会匪名目繁多，或十家之中，三家从贼，良民逼处其中，心知其非，亦姑且输金钱、备酒食以供盗贼之求而买旦夕之安。臣尝细询州县所以讳盗之故，彼亦有难焉者。盖初往踩缉，有拒捕之患。解犯晋省，有抢夺之患；层层勘转，道路数百里，有繁重之患；处处需索，解费数百金，有赔累之患；或报盗而不获，则按限而参之；或上司好粉饰，则目为多事而斥之。不如因循讳饰，反得晏然无事。以是愈酿愈多，盗贼横行，而良民更无安枕之日。臣所谓民间之疾苦，此又其一也。

三曰冤狱太多，民气难伸也。臣自署理刑部以来，见京控、上控之件，奏结者数十案，咨结者数百案，惟河南知府黄庆安一案、密云防御阿祥一案，皆审系原告得失，水落石出。此外各件，大率皆坐原告以虚诬之罪，而被告者反得脱然无事。其科原告之罪，援引例文，约有数条：或曰申诉不实，杖一百；或曰蓦越进京告重事不实，发边远军；或曰假以建言为由，挟制官府，发附近军；或曰挟嫌诬告本管官，发烟瘴军。又不敢竟从重办也，则曰怀疑误控，或曰诉出有因，于是有收赎之法，有减等之方，使原告不曲不直，难进难退，庶可免于翻案；而被告则巧为解脱，断不加罪。夫以部民而告官长，诚不可长其习风矣。若夫告奸吏舞弊，告蠹役作赃，而谓案案皆诬，其谁信之乎？即平民相告，而谓原告皆曲，被告皆直，又谁信之乎？圣明在上，必难逃洞鉴矣。臣考定例所载，民人京控，有提取该省案卷来京核对质讯者，有交督抚审办者，有钦派大臣前往者。近来概交督抚审办，督抚发委首府，从无亲提之事；首府为同寅弥缝，不问事之轻重，一概磨折恫喝，必使原告认诬而后已。风气所趋，各省皆然。一家久讼，十家破产，一人沉冤，百人含痛，往往有纤小之案，累年不结，颠倒黑白，老死囹圄，令人闻之发指者。臣所谓民间之疾苦，此又其一也。

此三者皆目前之急务。其盗贼太众、冤狱太多二条，求皇上申谕外省，严饬督抚，务思所以更张之。其银价太昂一条，必须变通平价之法。臣谨胪管见，另拟银钱并用章程一折，续行入奏。国以民为本，百姓之颠连困苦，苟有纤毫不得上达，皆臣等之咎也。区区微诚，伏乞圣鉴。谨奏。

【译文】

奏折主要是为了反映民间的疾苦,仰仗的是圣上的爱民之心。臣听说一个国家的贫困并不会成为祸患,而民心涣散才是最大的忧患。从古至今,隋文帝时期是最为富裕的朝代,末期却适逢大乱,国破家亡,其主要的原因就是失去了民心;汉昭帝初年是最为困难的时期,而国家却是一步步地恢复安宁,这样也是因为他能够安抚民心的缘故。我朝康熙元年至十六年,其间只有一年没有出现过江河水灾,其余的年份都是江河决堤,尤其是新庄、高堰等地方水患严重。那个时候又有三藩之变,全国有九个省都发动了暴乱,时间长达七年,几乎用掉了多半的财赋,国库也面临空虚的状态,灾难远远超过了今天。最终国家并没有被分裂,还是恢复到了以往的平静,那是因为圣祖像保护自己一样地爱护百姓,从而使得全国上下一心。皇上保护百姓的诚心,和从前的圣贤相比,有过之而无不及,只不过是一些地方官员,不爱护百姓,不解民间疾苦,才使得皇上的仁心得不到传达,而百姓们的疾苦圣上又不能得知。臣斗胆将现在百姓的苦处给皇上陈述一二。

第一,银子的价格比较昂贵,一些征收赋税的决定很难执行。

苏州、松江、常州、镇江、太仓等一带的粮食税收比较沉重，排在了第一的位置。一亩地能产稻米一石五六斗到二石不等，去掉佃户平分以及不缴纳的数目之外，田主所收到的基本上也就八斗不到。而如果按照规定额度应该在二斗左右了，再加上漕斛、帮费等还要再各去二斗，这一亩八斗的收入，正规上缴六斗，田主却只能得到剩余的二斗。如果说六斗全都是米的话，那老百姓还能够凑合过活，就算是收入少点的，也能够将收入折换成银钱，哪怕是漕粮或者是收米，但是帮费也必须折合成银两，地丁也必须交纳其银子。老百姓辛苦劳作所得到的大米，拿着米去换取钱，米价低得让人怨恨；拿钱换成银子，银价高得让百姓又生怨恨。东南是产米的地方，一石米可以卖得三千钱，从古到今，基本上没有太大的差距。以前一两银子换钱一千文，则一石米能够换取三两银子，今天的一两银子能够换得两千钱，而一石米却只能换得一两五钱银子。从前只需卖掉三斗米，就能够还清一亩地的粮税，可如今需要卖掉六斗米，一亩地的粮税甚至还不足。朝廷从始至终都保持着每年粮税收入不变的规矩，老百姓的赋税却比平时增加了一倍。此外比如说房基地，比如坟地，还需要额外交纳税金。如果用银价来衡量的话，价格都是原来的一倍，担负不起的数不胜数。州县衙门想尽办法来催促收取，甚至害怕百姓不给，常常带着一帮人前来逼催。官吏衙役全部出动，没日没夜地追讨，对于那些欠税的百姓用皮鞭狠狠抽打，整个公堂血肉横飞，这可都是酷吏所做的事呀！如果不是这样，州县所能收上来的赋税还没有七成，有的害怕被参劾，

甚至还补赔几万银子，使得后代子孙堪忧。所以说从道光十五年以前，江苏还能够办理全部漕运，自从十六年到今天，每年上报数目都不够，每年面临的都是减免或者是延期，难道以前都是良民现在都是刁民吗？其实，最主要原因的还是银子价格太昂贵，不是只有官府和百姓困难，连国家也跟着深受其害。

浙江的正规赋税和江苏都相差无几，但是老百姓却更加地抵制拖欠，官府变得更加窘迫，于是便出现了"截串"的做法。所谓截串，就是上半年开始预征下半年的粮税，今年开始预征明年的税款，如果老百姓不答应，那么他们就会适当地减少一点税赋，用这种方法让百姓缴纳。最后预截太多，造成缺额太多，后继上任的官员根本无法再征收上来，哪怕是个正直的官员也同样没有两全的办法。就这样，贪官就更加有借口来鱼肉百姓，巧取横夺，全然不顾朝廷法度和百姓的死活。

江西、湖广一带的赋税相对来说就轻点，但是自从银价高昂以来，百姓们也跟着越来越艰难，官府的追索也越来越残酷。有的人家不能够如数缴纳，于是便锁拿他同族中比较富裕的人家，责令他们代为缴纳，甚至有的竟然锁拿他的亲戚、拘押邻居。百姓们心怀怨恨，因为反抗而演变成大案。比如湖广之耒阳、崇阳，江西之贵溪、抚州，这四个案子，虽然说当地的民风刁悍，但也有很大一部分是因为银价倍增、官吏额外的征收、差役滥用刑罚而造成的，全国上下已经处于民不聊生的趋势中。臣所说的民间疾苦，这是其中之一。

第二则是因为盗贼太多，让那些安分守己的老百姓很难过上安稳的生活。庐州、凤阳、颍州、亳州一带，自古以来便是盗贼出没的地方。北到丰县、沛县、萧县、砀山，西接南阳、汝宁、光州、固始，这是天下的中心之地，一旦有强人啸聚，忧患将随时有可能出现。近来听说强盗之风越来越猖狂，大白天抢劫奸淫，抓人绑票，百姓不得已而投诉官府。官府将要派人去抓捕，先期贴出告示，到了该地，地方上的头领则欺骗说强盗已逃走。官吏则烧毁附近的民房，示威一番后走了。差役则讹诈原告的财物，满载而归，其实强盗并没有逃走。或欺骗说强盗已死，杀掉另外的囚犯来抵这个案子，而强盗其实并没有死。案子不能侦破，赃物不能起获，而遭事之家早已破产了。他们忍气吞声，将眼泪流进肚子里，没有能力再上诉了。即便再上诉，幸蒙官府发兵缉捕，但兵役平日都与盗贼相沟通，到时盗贼出钱打点一番，兵役就将盗贼放了，彼此配合得无迹可寻；或者反借捕盗为名来恐吓平民百姓，要挟索取重贿。否则，便将无辜百姓诬为盗贼一伙，烧毁他们的房屋，将他们本人锁拿起来。又或者命令亲戚邻居捆绑盗贼来送给官府，一直要他们将盗贼押解到县，末了，还要向他们索取收监的费用，索取转到别处的盘费。故而凡有盗贼的地方，不独遭事之主焦头烂额，即便最疏远的亲戚邻居也跟着受灾，大的则倾家荡产，小的则受到株连。这种现象到处都是。

先前嘉庆时四川陕西一带的动乱，盗贼头领刘之协已经被抓起来了，太和县官府被人收买而将刘放了，结果造成大乱。今日那些恶劣兵役，养盗纵盗，所在皆是，每每想到此事，便令人寒心。臣在刑部，见疏于防守让盗犯逃走的材料，每天甚至多达数十件，而外地来北京遭抢劫不报告，或报而不获立案的，更是不可胜计。南方会匪名目繁多，甚至十家里有三家是贼匪，良民被逼在其中，心里虽然知道这样做不对，也只能送金钱备酒饭来满足盗匪的要求，用以换取暂时的安宁。臣曾经仔细询问州县之所以隐瞒盗匪的缘故，知道他们也有难处。原来，初去出事之地侦察缉捕，则有遇到盗匪反抗的危险；押解犯人进省城，则有半途遭打劫的顾虑；一层一层地转换调查，要走数百里的路途，有繁重的苦恼；处处遭遇勒索，押解的费用需要数百两银子，有赔钱办案的苦衷。有的因为报了案但未抓住犯人，则按照期限要被参劾；有的上司喜欢粉饰太平，则将底下的报案认为是多事，反而斥责。与其这样，不如照旧，隐瞒不报，反而安静无事。因此愈酿愈多，盗贼横行，而良民更无安宁之日。臣所谓民间的疾苦，这又是一桩。

三为冤狱太多，百姓的怨气难以发泄。自从代理刑部侍郎以来，见上诉到中央及上诉到省的案件，由禀奏皇上而结案的数十件，由会商而结案的数百件，只有河南知府黄庆安一案，密云防御阿祥一案，经过审查后水落石出，确定为原告有理。此外各件，大多数都判原告为诬告罪，被告反而脱身无事。判决原告诬告之罪所援引的条文，大约有这样几条：或者说申诉不实，打一百棍；或者说越级进京告状，与事实不合，发配边远地方充军；或者说借建言为由头，挟制官府，发配到附近地区充军；或者说挟嫌诬告本地主管官府，发配到瘴疫地区充军。有的不敢从严从重办案，于是说怀疑是误控，或者承认上诉有理由，但以收赎、减轻等手段来应付，使得原告处于不曲不直难进难退的状态，有可能不再提出翻案；至于被告，则想方设法替他解脱，决不给他加重罪行。以部属、百姓的身份来状告主管长官、官府，这种刁风确实不能助长，但若是状告奸吏舞弊、状告坏的差役贪赃枉法，说是每桩案子都是诬告，谁又会相信呢？即便平民相互诉讼，说原告都理曲而被告皆理直，又谁会相信呢？皇上在上，必难逃您的洞察。

臣考查法规案例，上面写着，对于老百姓上诉给中央的状子，有的责令该省提取卷宗进京接受质讯，有的交付该省督抚审办，有的则派遣钦差大臣前往该省会办。近期来，一概交付督抚审办，督抚又发下去委派首府（注：省会所在的府，称为首府）去审办，自己从不亲办；首府为帮同僚补救阙失，不问事情的轻重，一概恐吓折磨，务必使得原告承认是诬告为止。这种风气蔓延开来，各省都如此。一家若久缠官司，会牵累到十家破产；一人若蒙受冤屈，则会有一百人忍受痛苦，往往有很小的案子，多年不能了结，黑白被颠倒，直到老死牢狱中，令人闻之发指。臣所谓民间的疾苦，这又是一桩。

此三者皆是目前的急务。其中盗贼太众、冤狱太多两条，求皇

上下圣旨给地方，责令督抚，务必想办法改变现状。其中银价太昂贵一条，必须变通平价之法。臣谨发表一管之见，另外拟一道关于银钱并用章程的奏折，随后上奏。国家以百姓为本，百姓的辛劳困苦，若有丝毫不能够让皇上知道，都是臣子们的咎失。区区微薄的诚心，请皇上鉴察。谨奏。

严办土匪以靖地方折

咸丰三年二月十二日

【原文】

奏为严办土匪以靖地方，恭折奏闻，仰祈圣鉴。

正月初九日，准湖南巡抚咨称，咸丰二年十三月三十日奉上谕："湖南筹办拨兵募勇各事宜，即着责成张亮基、潘铎会同在籍侍郎曾国藩妥为办理，钦此。"又于二月初一日，准署理湖南巡抚咨称，咸丰三年正月初三日奉上谕"朕思除莠即以安良，即有会匪地方，亦莠民少而良民多，封疆大吏，惟当剪除百恶，即可保卫善良。所有浏阳、攸县各处匪徒，即着该署督抚等认真查办，并着会同在籍侍郎曾国藩，体察地方情形，应如何设法团练以资保卫之处，悉心妥筹办理。等因。钦此。"仰见我皇上南顾焦虑，无时或释。

去年臣初至省城，抚臣张亮基调拨湖南外营兵千名，招募湘乡练勇一千名来省防御。至正月初间，粤匪东窜，武昌业已收复，长沙即可解严。署督臣张亮基、署抚臣潘铎皆与臣商，所有留省之云南、河南各兵，即行分别撤回，新旧招募之勇，亦即分别裁汰，共留兵勇三千余人，已足以资防守，即间有土匪窃发，亦足以资剿办。

至于团练一事，臣前折略陈大概，曾言捐钱敛一费之难。近来博采舆论，体察民情，知乡团有多费钱文者，亦有不必多费钱文者。并村结寨，筑墙建碉，多制器械，广延教师，招募壮士，常操技艺。此多费钱文，民不乐从者也。不并村落，不立碉堡，居虽星散，闻声相救，不制旗帜，不募勇士，农夫牧竖，皆为健卒，耰锄竹木，皆为兵器。此不必多费钱文，民所乐从者也。多费钱文者，不免于扰累地方，然以之御粤匪，则仍不足；不必多费钱文者，虽未能大壮声势，然以之防土匪，则已有余。今粤匪全数东下，各县乡团专以查拿土匪为主。臣是以剀切晓谕，令其异居同心，互相联络，不多费钱，不甚劳力，以冀百姓之鼓舞而听从。

湖南会匪之多，人所共知。去年粤逆入楚，凡入添弟会者，大半附之而去，然尚有余孽未尽。此外又有所谓串子会、红黑会、半边钱会、一股香会，名目繁多，往往成群结党，啸聚山谷，如东南之衡、永、郴、桂，西南之宝庆、靖州，万山丛薄，尤为匪徒卵育之区。盖缘近年有司亦深知会匪之不可遏，特不欲其祸自我而发，相与掩饰弥缝，以苟且一日之安,积数十年应办不办之案,而任其延宕;积数十年应杀不杀之人,而任其横行,遂以酿成目今之巨寇。今乡里无赖之民,嚣然而不靖,彼见夫往年命案、盗案之首犯逍遥于法外,又见夫近年粤匪、土匪之肆行皆猖獗而莫制,遂以为法律不足凭,官长不足畏也。平居造作谣言,煽惑人心,白日抢劫,毫无忌惮。若非严刑峻法,痛加诛戮,必无以折其不逞之志,而销其逆乱之萌。臣之愚见,欲纯用重典以锄强暴,但愿良民有安生之日,即臣身得残忍严酷之名亦不敢辞;但愿通省无不破之案,即剿办有棘手万难之处亦不敢辞。署督臣张亮基、署抚臣潘铎,皆思严厉整顿,力挽颓风,时时相与筹商,誓当尽除湖南大小各会匪,涤瑕去秽,扫荡廓清,不敢稍留余孽,以贻君父之忧。其匪徒较多之地,如东南之衡、永、郴、桂,臣当往衡州驻扎数月,就近查办。西南之宝、靖各属,臣当往宝庆驻扎数月,就近查办。所至常带兵勇数百、文武数员,以资剿捕之用。联络本地之乡团,使之多觅眼线,堵截要隘,以一方之善良,治一方之匪类,可期无巢不破无犯不擒。此臣拟办会匪之大概情形也,至于教匪、盗匪,与会匪事同一律。三者之外,又有平日之痞匪,与近时新出之游匪。何谓游匪?逃兵、逃勇奔窜而返,无资可归,无营可投,沿途逗留,随处抢掠。此游匪之一种也。粤寇蹂躏之区,财物罄空,室庐焚毁,弱者则乞丐近地,强者则转徙他乡,或乃会聚丑类,随从劫掠。此游匪之一种也。大兵扎营之所,常有游手数千随之而行,或假充长夫,或假冒余丁,混杂于买卖街中,偷窃于支应局内,追大营既远,辗转

流落，到处滋扰。此游匪之又一种也。臣现在省城办理街团，于此三种游匪，尤认真查拿，遇有形迹可疑，曾经抢掠结盟者，即用巡抚令旗，恭请王命，立行正法。臣寓馆设审案局，派委妥员二人，拿获匪徒，立予严讯。即寻常痞匪，如奸胥、蠹役、讼师、光棍之类，亦加倍严惩，不复拘泥成例概以宽厚为心。当此有事之秋，强弱相吞，大小相侵，不诛锄其刁悍害民者，则善良终无聊生之日。不敢不威猛救时，以求于地方有益。所有臣遵旨会商拨兵募勇各事宜，及现拟查办匪徒规模，谨陈大概，伏求皇上训示。至臣移驻衡、宝各郡，容俟长沙办有头绪，另行专折奏请，伏乞圣鉴。谨奏。

【译文】

为了严惩土匪,安定社会秩序的事情,上奏禀报,请求鉴察。

正月初九,从湖南巡抚上报的公文中得知,咸丰二年十二月三十日接到圣旨:"湖南调遣兵马筹募壮士等各项事宜,当下命令张亮基、潘铎连同在籍侍郎曾国藩共同办理此事。钦此。"又于二月初一,从代理湖南巡抚的公文中得知,咸丰三年正月初三日接到圣旨:"朕以为保护嘉禾的办法便是除去杂草,即便有土匪的地方,那也是坏人少好人多,封疆大吏只有将邪恶铲除,才能够护卫善良。所有浏阳、攸县等各地的土匪,即刻责令该地的督抚等人尽职查办,并且和在籍侍郎曾国藩一起视察当地情形,想办法组织军队,每日操练,以此来保卫各地方等,还要悉心妥善办理。谨遵照办。钦此。"由此可见,皇上将南方各地民情都时时刻刻记挂在心里。

去年臣刚来到省城,巡抚张亮基调遣了一千名湖南省外的绿营兵,招募了一千名湘乡的勇士,来保护省城。到了正月初,太平军向

东流窜，国军已经收复了武昌，长沙也即将解除收复。代理总督张亮基、代理巡抚潘铎都和臣商议，立即撤回滞留在湖南、云南、河南等各地的绿营兵；对于先前招来的壮丁，也是根据其情况作了适当的裁减，最后只剩下绿营兵和团勇共三千多人，这些已经足够防守阵地了，就算中间会有土匪前来闹事，也有足够的兵力去抵挡、围剿。

至于团练的事情，臣在先前的奏折中已经做了详细的报告，也提到捐钱和收费的难处。近来广泛收集舆论，视察民情，知道乡村团练有些花费比较多，而有些花费则比较少。将村寨合并，建筑宫墙碉堡，增添了很多器械，聘请授课老师，招募壮丁，操练武艺。这些都需要很多的花费，百姓都不愿意配合。如果不合并村寨，不建立碉堡，让这些人分散而居，一听到呼救声，便相互救援，没有任何旗帜，也不招募勇士，一些普通的农夫都可以作为士兵作战，农耕的锄头钉钯，都可以当做战争的武器。这些都是不需要多少花费的，百姓也愿意配合。那些花费多的团练，免不了会打扰到地方的百姓，如果用其抵挡太平军，仍然是不幸的；而那些花费不多的团练，虽然没能壮大其声势，但是对付一般的土匪，也就绰绰有余了。如今，太平军已经全部东下，各地县乡村团练的任务就是捉拿当地的土匪。于是，臣详细恳切地告诉所有人，虽然他们不居住在一起，但是一定要团结一心，相互联系，这样不用花费太多钱，也不会浪费太多人力，借以希望能够得到百姓的认同，从而服从命令。

湖南的土匪比较多，这是所有人都知道的事情。去年太平军进驻湖南，凡是以前加入天地会的人，多半都跟着太平军去了，可是还有一些留下来的人还没有彻底根除。另外，还有一些串子会、红黑会、半边钱会、一股香会等，种类繁多，经常是结党成群，在山谷中聚集，例如东南边的永州、衡州、郴州、桂阳州，西南部的宝庆、靖州，群山环绕，是土匪的集聚地。近年来，官府也知道土匪是没有办法彻底遏制的，只是又不想连累自己，所以才相互包庇遮掩，以此来求得每天的安定，几十年的案子都积压在那里，无期限地拖延；而那些恶贯满盈的盗匪也没有人处置，任由他们横行霸道，于是才造成如今的巨寇。现在，很多乡村市井无赖，气焰嚣张不肯安分，这也只是因为他们看到以往的作案头目至今都逍遥法外，又看到近些年太平军土匪肆意横行，个个猖獗却没有受到制裁，所以才认为法律根本就不足为惧，官长也是一个无用之人，平日里造谣生事，蛊惑人心，光天化日之下竟敢明目张胆的抢劫。如果不用严刑峻法对此严加管理，那么就不可能将他们嚣张的气焰压制下去，从而打消他们谋逆作乱的念头。依臣之见，应该用酷法来惩处匪徒，只希望天下百姓可以过上安定的日子，即便落下酷吏的恶名臣也不敢推辞；只希望全省没有破不了的案子，即便剿办有棘手万难之处也不敢推辞。代理总督张亮基、

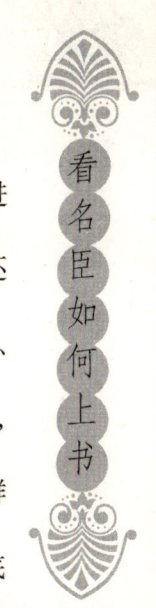

代理巡抚潘铎,都希望能够严厉整顿,挽救这种风气,经常和臣商量,应该彻底铲除湖南大大小小的各种会匪,剔除污秽,扫除四边丑恶,不敢保留一点余孽,而将忧虑留给皇上。

那些土匪比较多的地方,比如东南边的永州、郴州、衡州、桂阳州,臣打算前往衡州府驻扎几个月,就近查办。西南边的宝庆、靖州等地方,臣打算去宝庆府驻扎几个月,就近查办。每去这些地方,就需要带几百名兵士、几名文武官员,帮助剿捕。联络本地的乡团,让他们联系一些知情人士,并拦截各地重要口岸通道,用一个地方的善良之人来惩治一个地方的土匪败类,以此希望无巢不破无犯不擒。这便是臣打算治理会匪的大致想法,至于教匪、盗匪,则是和会匪一样的道理。

除了这三者之外,还有日常的痞匪和新近出来的游匪。什么是游匪?就是出逃的兵士或勇士,没有足够的钱财可以返回家乡,也没有军营可以投奔,所以他们每到一个地方,便会四处抢掠。这便是游匪中的一类。太平军践踏的地方,财物都被洗劫一空,房屋被毁之一炬,弱者就在附近乞讨为生,强者则是前往外地,或者聚集一批同类,加入太平军的抢夺行列。这也是游匪中的一类。凡是大兵驻扎的地方,总会有数千游名手好闲的人跟着走,或者是假冒长夫,或者是假冒预备兵勇，在街市中惹是生非，或者到支应局里盗窃，等到大营远去，他们就会成为半途上的流浪者，到处滋事。这也是游匪中的一类。

现在臣正在省城办理街市团练以此来对付这三种游匪，尤其要认真查看，遇到形迹可疑的抢劫犯或者拉帮结派的，立即用巡抚令旗，以皇上的命令就地正法。臣在审案局居住，委派两个比较稳妥的办事员，一经抓获匪徒，便立即严加审讯。即使是普通股的痞匪，比如专门招揽打官司告状的人、奸诈的胥吏、贪财索贿的衙门跑腿人、不安分守己专干非法事的人，也会倍加严处，不再拘守以宽厚为怀的成例。现在正值多事之秋，弱肉强食，恃强凌弱，如果不及时铲除那些刁悍害民的人，那么善良的人就过不了安稳的日子。不敢不以威猛之法惩戒当下的弊端，希望能够拯救地方，造福于百姓。

所有关于臣遵照圣旨调遣兵募勇的各项事宜，以及如今所构思的惩治匪徒的想法，大都在这个奏折里了，还请求皇上训示。至于臣移驻衡阳、宝庆各府的事宜，等到长沙办有头绪后，再上奏请示，恳请鉴察。谨奏。

特参长沙协副将清德折

咸丰三年六月十二日

【原文】

奏为特参庸劣武员，请旨革职，以肃军政，而儆疲玩事。

窃维军兴以来，官兵之退怯迁延，望风先溃，胜不相让，败不相救，种种恶习，久在圣明洞察之中。推原其故，总由平日毫无训练，技艺生疏，心虚胆怯所致。湖南经去年贼匪围城，坚守八十余日之久。臣等惩前毖后，今年以来，谆饬各营将弁认真操练，三、八则臣等亲往校阅，余日则将弁自行操阅。惟长沙协副将清德，性耽安逸，不遵训饬，操演之期，该将从不一至，在署偷闲，养习花木。今春由岳州回省，旋至常、澧一带查办土匪，所过地方，虽经贼匪蹂躏之区，尚复需索供应，责令所属备弁，购买花盆，装载船头；一切营务武备，茫然不知，形同木偶。现值粤贼窜逼江西,楚省防堵吃紧之际,该将疲玩如此,何以督率士卒!相应请旨将长沙协副将清德革职,以励将士而振军威。谨会同湖广总督张亮基恭折参奏,伏乞皇上圣鉴训示。谨奏。

【译文】

为特参庸劣武员，请求圣上降旨革职，借以整肃军风、警醒怠懒、懈怠的情况而奏。

自从战争爆发以来，官兵退怯延误，个个望风而逃，打了胜仗互不谦让，打了败仗互不救援。如此种种恶习，早就已经在皇上洞察之中。仔细分析其中缘由，主要是因为平时没有很好地训练，技艺生疏，心虚胆怯才造成今天的后果。去年，湖南也曾经发生过贼匪围城，坚守八十多天的经历。微臣等人惩前毖后，自今年谆谆告诫各营将领要认真操练，每逢三、八之日臣等便亲自前往校阅，其他日子将领们自行操练。但是长沙协副将清德，生性安逸，拒不遵守命令，士兵操练的时候，他从来没有去过一次，在衙门里偷养清闲，培植花草。今年春天由岳州回省城，接着到常德、澧县一带查办匪徒，所到之处，即便遭受贼匪洗劫的地方，也要勒索供应，命令当地官员为他安排行程，购买花盆，装满船舶；至于所有的营务武备等事，则是一问三不知，犹如一个木头人。

如今正是长毛东窜逼近江西，湖南防堵吃紧时，这个副将如此疲玩，怎么可以督率士卒呢！因此请旨革除长沙协副将清德的职务，借以激起将士而振奋雄威。谨会同湖广总督张亮基恭折参奏，请求皇上鉴察训示。谨奏。

移驻衡州折

咸丰三年八月十三日

【原文】

奏为微臣移驻衡州，恭折具奏，仰祈圣鉴事。

窃臣奉命查办土匪，惟衡、永、郴、桂尤为匪徒聚集之薮，拟驻扎衡州，就近搜捕，曾于二月十二日奏明在案。数月之间，四属匪徒屡次滋扰，如常宁有白沙堡之案，衡山有草市之案，永兴有狮子寨之案，安仁有焚烧衙署之案，桂东有县城失守戕害把总之案，宜章、临武有广东匪徒滋扰之案，永明、江华有广西匪徒窜入戕害千总之案，均经次第扑灭，先后具奏。昨七月二十七日，又有广东土匪窜入兴宁县城，经候补县丞王鑫管带湘勇，于二十九日收复，立即扑灭，尚未查明具奏。此外，四属中聚众倡乱，抢劫拒捕，为案甚多，未及

——上渎圣聪。皆由上年粤匪经过衡、永、郴、桂一带，裹胁最众，或久授伪职，或饱掠潜归，以致莠民构煽，甘心从逆，动辄贴粤匪之伪示，张太平之逆旗。甚至乞儿偷盗，三五成群，亦敢倡言谋乱，毫无忌惮。若非痛加诛锄，随时整顿，则祸患将无了日。臣前与抚臣熟商，曾调三厅兵数百驻防永州一带，扎湘乡勇数百驻防郴、桂一带。臣拟即日移驻衡州，以便就近调遣。将现练之勇，酌带前往，逐日操演，一闻土匪蠢动，立即掩捕。扑灭愈速，则糜费愈少。即寻常痞匪劫盗，亦仍逐案惩办，以期根株净绝，四境安恬。

至省城防堵事宜，江西与湖南交界之区，共有四路相通：北为平江通义宁州之路，南为茶、攸通吉安府属之路，中间二路，一为浏阳通瑞州、上高，一为醴陵通袁州、萍乡。现在浏、醴二路已派兵勇防守隘口。北路去贼踪尚远。惟南路茶、攸一带，与吉安府属之安福、永新紧接。目下土匪窜扰吉安，茶、攸去长沙较远，去衡州甚近。臣到衡时，急宜设法堵御，以防土匪勾引，乘虚窜入。商之抚臣，意见相合。其省城守备，经抚臣等悉心筹划，尚属布置周妥，堪以仰慰宸廑。所有微臣移驻衡州缘由，谨缮折由驿三百里具奏，伏乞皇上圣鉴。谨奏。

【译文】

为微臣转移驻扎衡州府事恭折具奏,请求鉴察。

微臣奉命查办土匪,只有衡州、永州、郴州、桂阳州尤其是土匪的聚集之地,本打算在衡州驻扎,就近搜捕,曾在二月十二日奏报在案。在近几个月期间,这四个府州的土匪多次聚众闹事,例如常宁有白沙堡之案,衡山有草市之案,永兴有狮子寨之案,安仁有焚烧衙门之案,桂东有县城失守杀害把总之案,宜章、临武有广东匪徒扰乱之案,永明、江华有广西匪徒窜入军营并杀害千总之案,都已经一个个被扑灭,先后已全部奏明。近期,七月二十七日,又有广东土匪窜入兴宁县城,后经候补县丞王鑫带领湘勇,在二十九日收复,立刻将匪徒消灭,这件事尚没有查明具奏。除此之外,这四个府州中聚众倡乱、抢劫拒捕等案件很多,没有一一上报。

这都是因为太平军经衡、永、郴、桂一带,被胁迫的人很多,或者担任伪职的时间较长,或者掳掠很多财物偷偷回家,以致坏人借此机会煽动诱惑,很多人心甘情愿跟随,动不动就张贴长毛的告示,扛起太平军的大旗。就连小偷乞丐等,也都三五成群,胆敢公然说谋

反之类的话，肆无忌惮。如果不痛加诛锄，即刻整顿，那么祸患将无终了之日。臣之前曾和巡抚仔细商议，调数百名三厅兵在永州一带驻守，调湘乡勇丁数百名在郴州、桂阳州一带驻守。微臣打算今日就移驻前往衡州府，方便就近调遣兵士。把现在已经操练的勇丁，斟酌带一部分前往，每天操演，只要听到匪徒骚乱的事情，就立即出兵捕获。扑灭愈快，便花费愈少。即使普通痞匪盗窃的事情，照样逐案惩办，以期待斩草除根，还百姓一个安宁之地。

至于省城防堵的事情，江西与湖南交界之处总共有四条路相通：北面是平江通义宁州之路，南面是茶陵、攸县通吉安府属之路，中间还有两条路，一是浏阳通往瑞州、上高，一是醴陵通往袁州、萍乡。如今浏阳、醴陵这路两条，已经派遣士兵防守关口。北路距离贼匪还很远。只有南路茶陵、攸县一带，与吉安府属的安福、永新紧接。眼下土匪骚扰吉安百姓，茶陵、攸县距离长沙尚远，但距离衡州很近。微臣来到衡州府之后，急需设法堵御，防止土匪勾引，借机趁虚而入。和巡抚仔细斟酌，意见相同。至于省城的守备，经过巡抚等人的悉心筹划，尚属布置妥当周到，堪以宽慰皇上。所有这些微臣转移驻扎衡州府的原因，谨俱折由驿站以日行三百里的速度送往京师奏报，请求皇上鉴察。谨凑。

报东征起程日期折

咸丰四年二月初二日

【原文】

奏为恭报微臣起程日期事。

窃臣于上年十一月二十三日奉旨援剿皖省,迄今已满两月。曾经具奏,一俟战船办齐,广炮解到,即行起程,两次奏明在案。兹于正月二十六日衡州船厂毕工,臣于二十八日自衡起程。湘潭分造之船厂尚未尽毕,臣到潭须耽搁数日,昼夜督办。到长沙时,支领军械数千余件,搬运子药二十余万,又须守催数日,即行趱程长征,驰赴下游。臣所办之船,拖罟一号、快蟹十号、长龙五十号、三板艇一百五十号,皆仿照广东战舰之式,又改造钓钩船一百二十号,雇载辎重船一百余号。所配之炮,借用广西者一百五十位,广东购办者,

去年解到八十位，今年解到二百四十位，本省提用者一百余位。所募之勇，陆路五千余人，水师五千人。陆路各军编列字号，五百人为大营，不满五百者为小营。水路分为十营，前、后、左、右、中为五正营。正营之外，又分五副营。正营旗用纯色，副营旗用镶边。陆路操练已久，差觉可用；水路招集太骤，尚无可恃。所备之粮台，带米一万二千石，煤一万八千石，盐四万斤，油三万斤，军中应需之器物，应用之工匠，一概携带随行。合以陆路之长夫、随丁，水路之雇船水手，粮台之员弁、丁役，统计全军约一万七千人。

　　臣才智浅薄，素乏阅历，本不足统此大众。然当此时事艰难、人心涣散之秋，若非广为号召，大振声威，则未与贼遇之先，而士卒已消沮不前矣。是以与抚臣往返函商，竭力经营，图此一举。事之成败，不暇深思，饷之有无，亦不暇熟计，但期稍振人心而作士气，即臣区区效命之微诚也。至臣前折称必待张敬修解炮到楚，乃可起行，顷专弁自粤归来，知张敬修为粤省奏留，不能赴楚；续购之炮，亦不能遽到。下游贼势急于星火，臣更不可少延矣。合并陈明。所有微臣起程日期，恭折由驿五百里具奏。伏乞皇上圣鉴训示。谨奏。

【译文】

此次奏折禀报的是关于微臣起程的事。

臣在去年十一月二十三日奉援助安徽省的圣旨,到现在已经有两个月的时间了。曾上折禀报,一旦战船操办齐全,广东的火炮运到,即日起程。在这一点上,微臣已经两次奏明在折。正月二十六日,衡州船厂完工,微臣在二十八日从衡阳起程。湘潭的船厂还没有完工,微臣需要在湘潭停滞几天,日夜督促船厂工程。赶到长沙的时候,支领军营器械数千多件,搬运子药二十多万箱,又需要在此停留督促几天。办好之后立刻兼程长途行军,迅速赶往下游地区。微臣制造的船只,总有拖罟一艘、快蟹十艘、长龙五十艘、三板快艇一百五十只,全部是仿造广东战船的样式。接着,又改造钓钩船一百二十只,雇佣装辎重的船一百多只。配置的炮火,借用广西的是一百五十座,于广东购买的火炮上年运到的有八十座,今年运到的有二百四十座,提取湖南省的是一百多座。所招募的兵勇,陆军有五千多人,水师有五千人。陆路各军分别以字号进行编列,大营为五百人,小营不足五百人。水路共分为十营,其中五个是正营,分别取名为前、后、左、右、中。除正营之外,还有五个副营。正营的旗子采用纯色,副营的旗子

采用另色镶边。陆军操练已经很长时间了，勉强可用；水师的招募时间尚且有些短，还不能依恃。筹建的粮台，随军携带米一万二千石、煤一万八千石、盐四万斤、油三万斤。军中需要的军器及所用的工匠，一律随军行动。陆军的长夫、随丁，水师船上雇佣的水手，外加粮台的员弁丁役在内，全军大约有一万七千人。

  微臣的才干与智慧甚是浅薄，缺乏足够的阅历，原本没有能力率领这样多的人，但是迫于现在时事艰难，人心涣散，如果不是加以广泛号召，雄威大振，那么在还没有和敌军相遇之前，士卒就早已经信心全无、精神沮丧到不可前行了。于是微臣与巡抚通过信函的方式进行商议，竭力经营办成这件事。至于这件事的成与败，根本没有时间思考，军饷有没有，也没有多余的时间思考，但是期望可以稍稍振奋人心振作士气，也就算得上是微臣一点小小的为国效忠的诚意了。臣在之前的一封奏折中曾经说过必须等张敬修将火炮运到湖南才可以启程，刚刚办完这件事情的人员从广东赶回来，得知张敬修已经被广东奏请留下继续购买火炮，不可以返回湖南，也不能很快到达。下游贼势急如星火，事情刻不容缓，已经不能再延误了。这件事也一并在奏折中说明。关于臣起程日期等所有的事情，微臣已经恭敬拜折交由驿站以五百里快速奏报，恳请皇上审查指示。谨奏。

留胡林翼黔勇会剿片

咸丰四年二月十五日

【原文】

再，贵州黎平府知府升用道胡林翼，前经督臣吴文镕奏调湖北差遣。该员自带练勇六百名，由黔赴鄂，于正月下旬驰抵金口，适值黄州师溃，贼踪上窜，该员所募黔勇系山民，不习水战，又兼无饷、无夫、无火药锅帐，不能前进。迭据该员具禀南抚臣及臣行营，请支给口粮军械在案。臣与抚臣函商，派员解送火药帐棚，拨银二千两往资接济。臣拟先遣陆勇与该员会合援鄂，又值贼匪窜扰岳州、湘阴，道路阻隔，委员仍行折回。臣思岳州一带既被贼扰，自当先攻克岳州，不使南北梗塞，方能全师东下。现拟札饬该员暂驻岳州附近地方，臣迅即东下，与该员督勇先行会剿。理合附陈。谨奏。

【译文】

还有一件事。贵州黎平府知府升用道胡林翼,前不久经湖广总督吴文镕奏请同意调来湖北以供差遣。胡林翼亲自带领训练有素的六百名勇丁,从贵州匆匆赶往湖北,今年正月下旬到达湖北武昌县金口镇,恰好遇到黄州部队逃溃,敌军借乱纷纷向上游流窜。胡林翼所募的贵州勇丁系山民,因为不习惯于水上作战,再加上没有粮饷、没有夫役、没有火药、锅子、帐篷等军需,因此不能前行。胡林翼多次向湖南巡抚和微臣禀告这件事情,请求支给口粮军械。臣与巡抚函商,派遣人运送火药帐篷和二千两银子前往接济胡林翼。微臣原本打算先派遣陆勇与胡林翼会和之后再援救湖北,正赶上这时,敌军窜扰岳州、湘阴,道路被阻塞,派遣的士兵在中途折了回来。微臣想岳州一带既然已经被敌军骚扰,自当应该先攻克岳州,不让南北梗塞,才可以全军东下。如今打算让胡林翼先暂时驻扎在岳州一带,微臣迅速东下,与胡林翼一道督促勇丁先行率兵前往会和之后再剿灭岳州敌军。这件事按照道理来说应该附片陈述。谨奏。

缕陈鄂省前任督抚优劣折

咸丰四年九月二十七日

【原文】

奏为博采公论，缕陈鄂省前任督抚优劣，恭折奏闻，仰祈圣鉴事。

窃臣国藩自入鄂城以来，抚恤遗黎，采访舆论。据官吏、将弁、绅庶佥谓：武汉所以再陷之由，实因崇纶、台涌办理不善，多方贻误，百姓恨之刺骨；而极称前督臣吴文镕忠勤忧国，殉难甚烈，官民至今思之。即于前抚臣青麟亦尚多哀怜之语，无怨恨之辞。

盖缘吴文镕于上年九月十五日到鄂，卯刻接印，未刻即闻田家镇兵败之信。阖城逃徙一空，官弁仓皇无计，众心涣散。吴文镕传集僚属，誓以死守。即日移居保安门城楼，随身仅一仆一马，无书吏幕宾，无亲兵夫役，昼夜手治文卷、衣不解带者两月。由是人心稍定，

溃兵稍集，贼兵仍退下游，不敢径犯鄂垣。若坚守不懈，未始不可转危而为安。乃崇纶因偶怀私怨，辄劾吴文镕安坐衙斋，闭城株守。其实该前督日夜住宿城楼，并未在衙斋少住片刻也。贼匪所恃以骇人者，全凭船只之多，万帆飙忽，千炮雷轰。官军若无舟师，虽有陆兵数万，亦熟视而无可如何。

自上年田家镇失防以后，吴文镕、江忠源二人与臣往来书函，皆以筹办水师为第一要务。臣在衡州试造战船，吴文镕屡函熟商，言造船、配炮、选将、习战之法，精思研究，每函千余字，忠荩之忱溢于行间。臣愚，窃叹以为不可及。其言湖北现仅雇小划、摆江之类，不堪战阵，必待臣处舟师办就，驶至鄂中，始克会同进剿，亦系实在情形。乃崇纶茫焉不察，动称船炮已齐，讥督臣畏葸不出。吴文镕素性刚介，深以畏葸为耻，遂发愤出征，以屡溃杂收之兵勇，新募未习之小划，半月不给之饷项，仓皇赴敌。又居者与出者不和，事事掣肘，遂使堵城之役全军溃败，湖北府县相继沦陷，未始非崇纶参劾、倾陷有以致之也。尤可异者，当参劾之后，吴文镕毅然出征，崇纶复率僚属力阻其行。我皇上曾严饬自相矛盾。迨堵城既败，吴文镕殉难，阖省军民人人皆知，而崇纶以不知下落入奏，不惟排挤于生前，更复中伤于死后。正月十九日，崇纶遣守备熊正喜至衡州一带，催臣赴鄂救援，伪造吴文镕之咨文，借用布政司之印信，咨内但称黄州贼势猖獗，并不言堵城已败，督臣已死。种种诈伪，故作疑似之词，无非谓吴文镕未能殉难,诬人大节,始终妒害,诚不知其是何肺肠!

臣国藩于九月二十一日至黄州,二十二日躬诣堵城察看当日营盘地势,并祭吴文镕之灵,细询该处居民,言吴总督自到营以来,雨泥深数尺,日日巡行各营,激厉士卒。正月十五日见贼踏营盘四座,知事不可为,乃于雪泥之中北向九叩首,痛哭大呼曰无以仰对圣朝,遂自投塘水而死。其塘去营门不过六七丈。土人言其平日之勤苦,临终之忠愤,至今有流涕者,亦可见公道之不泯也。

吴文镕受三朝恩遇,为督抚二十年,前此海塘溃决,尚且慷慨激烈,投海捐躯,岂有全军覆没,反肯濡忍偷生之理?幸赖圣明鉴照,优加恤典,赐予美谥。吴文镕得雪斯耻,永衔感于九泉。否则名节诬堕,虽死犹有余愤矣。

吴文镕既没,青麟帮办军务。崇纶又与之百端龃龉,求弁兵以护卫而不与,请银两以制械而不与,或军务不使闻知,或累旬不相往还。青麟在长沙时,与臣言及崇纶之多方掣肘,台涌之坐视不救,辄为之椎胸痛恨,怒眦欲裂,未知曾否入奏。大抵治军譬如治家,兄弟不和,则家必败,将帅不和,则军必败。一人而怨詈众兄弟者,必非令子;一人而排挤众将帅者,必非良臣。上年张亮基欲以全力防田家镇,崇纶既阻挠而不合,继又倾挤吴文镕,旋又忌害青麟,皆使衔恨于地下。平心而论,鄂省前后溃败、决裂之由,不能不太息痛恨于崇纶

也。自贼踞汉阳、汉口为老巢，由是西至宜昌，北至德安，南犯湘省，三次攻陷岳、常、澧州，纵横百余州县，蹂躏殆遍，庐舍荡然，寸草不留。崇纶闭坐一城，置罔闻知，土匪掳掠亦置不问，所失国家土地并不一一详奏。百姓之言皆曰：青巡抚在此，尚有兵勇驱贼之掳掠，尚有告示怜民之疾苦；崇巡抚并告示而无之，全不恤我等为大清之赤子矣！积怨如此。

我皇上优容臣下，仅予革职。崇纶稍有天良，亦当以一死图报。乃六月初二日武昌城陷，崇纶随众军逃出，展转偷生。反称革职回京，已于前一日先出鄂城，呈请转奏。身为封疆大臣，无论在官去官，死难是其本分，即不死亦不妨明言，何必倒填日月，讳其城破逃生之罪？劾人则虽死而犹诬之，处己则苟活而故讳之，岂非无耻之尤者哉！臣入湖北境内以来，目击疮痍，博访舆论，莫不归罪于崇纶。以年余之成败始末，关系东南大局，不敢不据实缕陈。其应如何声罪严究，圣主自有一定之权衡，微臣不敢拟议。所有博采公论，缕陈鄂省前任督、抚优劣情由，恭折附驿奏闻，伏乞皇上圣断施行。谨奏。

【译文】

为了广泛搜集公论，详细陈述湖北省前任总督、巡抚的优劣事情，恭谨具折报告，请求皇上鉴察。

微臣曾国藩自从进入湖北省城以来，抚恤战后幸存的百姓，收集访问舆论，官吏将弁绅士百姓一致认为，武汉之所以再三沦陷，其根源就是崇纶、台涌办事不利，多方面贻误军机，百姓对此早就恨之入骨，而极其称赞前任总督吴文镕忧国忧民，将其视为忠烈，官吏民众至今对其十分怀念。即便是对于前任巡抚青麟，也是哀怜之语多，没有丝毫怨恨之词。

去年九月十五日，吴文镕抵达湖北，卯刻接印，未刻就听到了田家镇兵败的消息，全城的人都逃走了，文武官员手足无措，很显然人心早已涣散。吴文镕立即召集同僚下属，誓死镇守城池，当日就搬到保安门城楼上住。陪在身边的只有一个仆人和一匹马，并没有办事人员和幕僚等，更没有卫士和做杂事的人，日夜书写文卷，每晚和衣而睡。如此两个月之后，人心才得以稍稍安定，逃散的士兵才稍稍聚集。敌军退守到下游，再也不敢进犯省城。若坚守城池不松懈，哪里不能做到转危为安呢。但是崇纶却胆小怯懦，心怀私怨，弹劾吴文镕这样做事安坐衙门书斋，闭城死守。其实吴文镕总督日日夜夜住在城楼上，

并没有在衙门的书房中住过片刻。敌军用来恐吓别人的，完全是凭借船只多，上万只船在江面上漂来漂去，上千门炮雷鸣般地轰击。官军如果没有战船，虽然拥军数万，也只能眼睁睁地巴望着而无可奈何。

自从去年田家镇失守之后，吴文镕、江忠源两个人与臣时常进行书信往来，皆以筹办水师作为最要紧的事情。微臣在衡州试造战船，吴文镕多次来信和微臣进行商议，探讨制造船只、装配火炮、选择将领、操习战技的方法，仔细研究，每封信都长达千多字，字里行间透着深厚的忠诚尽职之情。微臣愚笨，时常在私下里叹息自己不及他。他说湖北现在雇用的只有小划子、摆渡一类的小船，不足以列阵应战，只有等到臣这里的水师办成，驶进湖北，才可以会和阻击敌人。这的的确确是实情。但是崇纶昏庸不察事理，动不动就说船炮已经准备齐全，讥笑总督胆小怕事不敢出兵。吴文镕素来性情耿直，以胆怯为耻，于是在情绪激愤之下下令出兵，用那些屡次溃败之后杂乱收集的兵勇，及新近募集未加操习的小划子，再加上已经有半个月没有发银饷，就这样仓皇赴向了敌军。再加上住在城里的和外出作战的士兵彼此之间不和睦，事事掣肘，种种这些让堵城之役全军覆没，湖北省的一些县府也相继沦陷。这些，未必就不是崇纶参劾倾陷招致的恶果。

让人尤其感到奇怪的是，在参劾后，吴文镕毅然出征，崇纶又率领下属竭力劝阻他。皇上曾经下旨严厉批评崇纶如此举动自相矛盾。等到堵城战败之后，吴文镕壮烈牺牲，全省军民人人皆知，而崇纶却以吴文镕"下落不明"向朝廷禀报。不仅在吴生前时对他予以排挤，即使在吴死后依然加以恶意中伤。正月十九日，崇纶派遣守备熊正喜到衡州府一带，催促微臣赶往湖北进行救援，假造吴文镕的咨文，借用布政使衙门的印信。咨文中仅提及黄州敌军势力猖獗，并没有提到堵城兵事已经失败，总督已死。所有的事情都是欺骗，故意采用"疑似"的字眼进行表述，无非就是想要说明吴文镕并没有殉难。如此诬蔑他人的大节，始终一贯的嫉妒陷害，当真是不知道这个人生的是一副怎样的心肠！

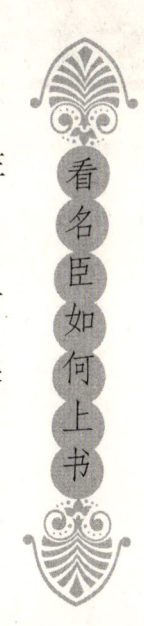

微臣曾国藩九月二十一日抵达黄州，二十二日亲自到堵城对当时的营盘地势进行查看，并且对吴文镕进行了祭奠，仔细询问了当地的百姓，都说吴总督自从来到军营，雨泥深达数尺，每天按时巡查各营，对士卒进行激励，兵士无不佩服。正月十五日，见敌军踏破营盘四座，深知这件事已经没有挽回的余地，于是在雪水污泥中朝着北边叩了九个头，痛哭大呼，说再也没有颜面面对圣明的朝廷，于是投塘自尽。这口塘距离营门只有六七丈远。当地的老百姓说到他平日的勤苦和临终时的忠愤，直至今日还是泪流满面，由此也可以看出公道是不可泯灭的。

吴文镕蒙受三朝恩惠，身为总督、巡抚二十多年。在此之前的海塘堤防溃决，尚且慷慨激烈，而今以致于投海捐躯，如此怎会有全军覆没反而忍辱偷生的道理？幸而皇上明察秋毫，给吴优加恤典，

并赐予他美好的谥号。吴文镕可以洗刷如此冤屈，即使在九泉之下也会心存感激。否则，名声气节尽被诬陷堕落，即便死了也会心存怨恨。

吴文镕壮烈牺牲之后，青麟帮助筹办军务，崇纶与他又处处不和。请求派弁兵进行护卫，不派，请求给银子制造军械，不给；或者是有关军机要务不让他知道，或者是十天半月不相往来。青麟在长沙的时候，和微臣每次说到崇纶的多方掣肘、台涌的坐视不救，就会捶胸顿足，愤怒得两眼都要爆开了，不知道他有没有将这件事情奏明。

大体上来说，治理军队就像是打理家庭一样，兄弟不和，富足的家也会破败；将帅不和，军队就一定会打败仗。个人怨恨责骂众兄弟，那么这个人一定不是好兄弟；一个人排挤打击众将帅，那么这个人一定不是好臣子。去年，张亮基想要竭尽全力镇守田家镇，崇纶不仅阻止，还不全心配合，接着又倾轧排挤吴文镕，嫉妒陷害青麟，让他们一个个都含恨于地下。平心而论，分析湖北省前后溃败以致决裂的缘由，不得不让人痛恨崇纶。自从敌人占据汉阳、汉口以来，将它作为指挥部，由此西到宜昌，北到德安，往南边侵犯湖南省，三次攻陷岳州、常德、澧州，纵横百多个州县，已经全部践踏到了，房屋中的金银财宝洗劫一空，分文未留。崇纶关闭城门坐在府中，置若罔闻，土匪掳掠，也置之不理，所丢掉的国家土地，也没有向朝廷禀报。百姓都说，青巡抚在这里的时候，尚还有兵勇驱赶敌人的掠夺，尚有安民告示，崇巡抚连告示都没有贴一张，对大清朝的忠诚子民完全不予理会哩！这就是百姓的积怨。

皇上对于臣下十分宽容，只是予以革职。崇纶如果稍微有些良心，也应该用死来报恩。但是在六月初二日武昌城落陷的时候，崇纶跟随士兵一起出逃，四处辗转偷生求活，反而声称自己是革职之后回京，已于城陷的前一天远离省城，请人将这一消息禀报朝廷。身为封疆大臣，不管是在职还是离职，死于危难本就是他的本分，即便不死，也不妨明白告知，为何要倒填日期，故意隐瞒其弃城逃生的罪责呢？弹劾别人，即便这个人已经死了还是要对其污蔑；对待自己，则苟且偷生还要竭力隐瞒，难道不是无耻之徒吗？

臣自从来到湖北境内以来，眼睛所见其危伤，广泛收集各方舆论，莫不皆归罪于崇纶。因为这一年多来湖北的成败过程，实在关系到国家东南的大局，臣不敢不根据实情细细陈述。至于应该如何定罪严惩，皇上心中自然有数，臣不敢自作主张。因此关于广泛搜集公论，详细叙述湖北省前任总督、巡抚优劣情形，恭敬具折由驿递上奏，请皇上裁决执行。谨奏。

奏参江西巡抚陈启迈折

咸丰五年六月十二日

【原文】

奏为江西巡抚陈启迈劣迹较多,恐误大局,恭折奏闻,仰祈圣鉴事。

窃惟东南数省,贼势蔓延,全赖督抚得人,庶几维持补救,转危为安。臣至江西数月,细观陈启迈之居心行事,证以舆论,实恐其贻误江省,并误全局,有不得不缕陈于圣主之前者。

已革总兵赵如胜,系奉旨发往新疆之员。上年奏留江省效用,陈启迈派令管带战船百余号、水勇四千余人、大小炮位七百余尊。十一月初五扎泊吴城镇,一闻贼至,赵如胜首先逃奔,各兵勇纷纷兽散,全军覆没,船只炮械尽为贼有。其实贼匪无多,民间至今相传仅长发九十余人耳。闻风先逃，殊可痛憾。乃陈启迈入奏之词，则曰赵如胜奋不顾身，力战终日，其所失船数百余、炮数七百，并不一一奏明，含糊欺饰，罔恤人言。又派赵如胜防堵饶州等处，正月间败逃三次。贼破饶州，陈启迈含混入奏，不惟不加赵如胜之罪，并其原定新疆罪名，亦曾不议及，始终怙非袒庇，置赏罚纲纪于不问。

已革守备吴锡光，系被和春参劾、奉旨正法之员。吴锡光投奔江西，吁求救全。陈启迈奏留江西效用，倒填月日，谓留用之奏在前，正法之旨在后，多方徇庇，虚报战功，既奏请开脱罪名，又奏保屡次超升，又奏请赏给勇号。吴锡光气质强悍，驾驭而用之，尚不失为偏裨能战之才。至其贪婪好淫，纵兵扰民，在南康时，军中妇女至百余之多；过樵舍时，将市肆抢掠一空，实为远近绅民所同恶。而陈启迈一力袒庇，颠倒是非。正月二十九日，吴锡光纵其麾下贵州勇无故杀死龙泉勇一百八十七名，合省军民为之不平。陈启迈既不奏闻，又不惩办，乃于武宁县囚内取他勇之曾经犯案者，假称贵勇，缚而杀之，以掩众人之耳目。而众人愈积愤于吴锡光，道路以目矣。饶州之贼屯聚于四十里街，三月二十八日，吴锡光攻剿饶州，仅杀贼数十人，此绅庶所共见共闻。而陈启迈张皇入奏，谓克复饶郡，杀贼三千，焚船百余，吴锡光与其子侄，均保奏超升；即素在巡抚署内管帐之胡应奎亦随折保奏。义宁州之陷，实系兴国、崇、通等处土匪居多，长发尚少，吴锡光骄矜散漫，仓卒败亡，并非有大股悍贼与之交锋也。

乃陈启迈粉饰入奏，则日鏖战竟日，杀贼千余。吴锡光薪水、口粮，较别营独多，且带勇七百，支领八百人之饷，此陈启迈所面嘱司道总局者。乃入奏则曰，系自备资斧。种种欺饰，实出情理之外。

自军兴以来，各路奏报，饰胜讳败，多有不实不尽之处，久为圣明所洞鉴，然未有如陈启迈之奏报军情，几无一字之不虚者。兹风不改，则九重之上，竟不得知外间之虚实安危，此尤可虑之大者也。

臣等一军，自入江西境以来，于大局则惭愧无补，于江西则不为无功。塔齐布驻九江，防陆路之大股；臣国藩驻南康，防水中之悍贼；罗泽南克复一府两县，保全东路。此军何负于江西，而陈启迈多方掣肘，动以不肯给饷为词。臣军前后所支者，用侍郎黄赞汤炮船捐输银四十余万两、奏准漕折银数万，皆臣军本分应得之饷，并非多支藩库银两。即使尽取之江西库款，凡饷项丝毫，皆天家之饷也，又岂陈启迈所得而私乎？乃陈启迈借此挟制，三次咨文，迭次信函，皆云不肯给饷，以此制人之肘而市己之恩。臣既恐无饷而兵溃，又恐不和而误事，不得不委曲顺从。罗泽南克复广信以后，臣本欲调之折回饶州、都昌，以便与水师会攻湖口。陈启迈则调之防景德镇，又调之保护省城，臣均已曲从之矣。旋又调之西剿义宁，臣方复函允从，而陈启迈忽有调往湖口之信；臣又复函允从，陈启迈忽有仍调往义宁之信。朝令夕更，反复无常，虽欲迁就曲从而有所不能。

二月间，臣与陈启迈面商江西亦须重办水师，造船数十号，招勇千余人，以固本省鄱湖之门户，以作楚军后路之声援，庶与该抚正月之奏案相符。陈启迈深以为然，与臣会衔札委河南候补知府刘于淳董其事。业已兴工造办，忽接陈启迈咨称，江西本省毋庸设立水师，停止造船等因。臣既顺而从之矣，因另札刘于淳在市汊设立船厂，专供臣军之用。忽又接陈启迈咨称，欲取厂内船只，交吴锡光新募之水军；文饬令厂内续造十五号。船厂委员亦遵从之矣。迨船既造成，陈启迈又批饬不复需用。倏要船倏不要船，倏立水军倏不立水军，无三日不改之号令，无前后相符之咨札。不特臣办军务难与共事，即为属员者亦纷然无所适从。

数年以来，皇上谕旨谆谆，饬各省举行团练，类皆有虚名而鲜实效。臣所见者，惟湖南之平江县、江西之义宁州办团各有成效，两省奏牍亦常言之。以本地之捐款练本地之壮丁，屡与粤贼接仗，歼毙匪党甚多，故该二州县为贼所深恨，亦为贼所甚畏也。去年义宁州屡获胜仗，捐款甚巨，事后论功，陈启迈开单保奏，出力者不得保，捐资者不得保，所保者，多各署官亲幕友。陈启迈署中幕友陈心斋，亦得保升知县。义宁州绅民怨声沸腾，在省城张贴揭帖，谓保举不公，团练解体；贼若再来，该州民断不捐钱，亦不堵贼等语。陈启迈不知悛悔，悍然罔顾。迨四月间贼匪攻围州城，该州牧叶济英迭次禀请救援，陈启迈亦不拨兵往救。困守二十余日，州城果陷，逆匪素恨团练，

杀戮至数万之多，百姓皆切齿于巡抚保举之不公，致团散而罹此惨祸也。

去年四月，塔齐布在湘潭大战获胜，余贼由靖港下窜岳州，其败残零匪由醴陵窜至江西，萍乡、万载等县并皆失守。万载县知县李峣弃城逃走，乡民彭才三等或以马送贼，或以米馈贼，冀得免其劫掠。贼过之后，举人彭寿颐倡首团练，纠集六区合为一团，刊刻条规，呈明县令李峣批准照办。乃彭才三愚一而多诈，谓馈贼可以免祸，谓练团反以忤贼，抗不入团，亦不捐资，遂将团局搅散，反诬告彭寿颐一家豺狼，恐酿逆案等语。县令李峣受彭才三之贿，亦袒庇彭才三而诬陷彭寿颐，朦混通禀。该举人彭寿颐恨己以刚正而遭诬，以办团而获咎，遂发愤讦告李峣弃城逃走、彭才三馈贼阻团，控诉各衙门。袁州府知府绍德，深以彭寿颐之练团为是，彭才三之馈贼为非，严批将李峣申饬。巡抚陈启迈批词含糊，不剖是非，兴讼半年，案悬未结。今年正月，臣至江西省城，彭寿颐前来告状。臣以军务重大，不暇兼理词讼，置不批发；而观其所刊团练章程，条理精密，切实可行，传见其人，才识卓越，慷慨有杀贼之志。因与陈启迈面商，言彭寿颐之才可用，其讼事无关紧要，拟即带至军营效用。两次咨商，陈启迈坚僻不悟。不特不为彭寿颐伸理冤屈，反以其办团为咎；不特以其办团为咎，又欲消弭县令弃城逃走之案，而坐彭寿颐以诬告之罪，颠倒黑白，令人发指。自粤匪肆逆，所过残破，府县城池，动辄沦陷，守土官不能申明大义，与城存亡，按律治罪，原无可宽。各省督抚因失守地方太多，通融办理，宽减处分，亦常邀谕旨允准。即以本年江西而论，饶州、广信两府失守，鄱阳、兴安等县失守，陈启迈通融入奏，宽减府县各守令之处分，均蒙谕旨允准。此系一时权宜之计，朝廷法外之仁，并非谓守土者无以身殉城之责也。该县令李峼弃城逃走，陈启迈能奏参治罪，固属正办；即欲宽减其处分，亦未始不可通融入奏。乃存一见好属员之心，多方徇庇，反欲坐彭寿颐诬告之罪，此则纪纲大坏，臣国藩所为反复思之而不能平也。

乡民怯于粤匪之凶威，或不敢剃发，或不敢练团，或馈送财物，求免掳掠，名曰纳贡，此亦各省各乡所常有。其甘心从贼者，重办可也；其愚懦无知者，轻办可也，不办亦可也。彭才三以财物馈贼，既经告发，陈启迈自应酌量惩治，何得反坐彭寿颐以诬告之罪，使奸民得志，烈士灰心。顷于五月二十九日，陈启迈饬令臬司恽光宸严讯，勒令举人彭寿颐出具诬告悔结。该举人不从，严加刑责，酷暑入狱，百端凌虐，并将褫革参办。在陈启迈之心，不过为属员李峼免失守之处分耳。至于酿成冤狱，刑虐绅士，大拂舆情，即陈启迈之初意，亦不自知其至此。臬司恽光宸不问事之曲直，横责办团之缙绅，以伺奉上司之喜怒，亦属谄媚无耻。方今贼氛犹炽，全赖团练一法，以绅辅官，以民杀贼，庶可佐兵之不足。今义宁之团既以保举不公而毁之，万载之团又以讼狱颠倒而毁之，江西团练安得再有起色？至于残破府县，纵不能督办

团练，亦须有守令莅任，以抚恤难民而清查土匪。乃臣驻扎南康两月，陈启迈并不派员来城署理南康府、县之任，斯亦纪纲废弛之一端也。

臣与陈启迈同乡、同年、同官翰林，向无嫌隙，在京师时见其供职勤慎，自共事数月，观其颠倒错谬，迥改平日之常度，以致军务纷乱，物论沸腾，实非微臣意料之所及。目下东南贼势，江西、湖南最为吃重，封疆大吏，关系非轻。臣既确有所见，深恐贻误全局，不敢不琐叙诸事，渎陈于圣主之前，伏惟宸衷独断，权衡至当，非臣下所敢妄测。所有江西巡抚臣陈启迈劣迹较多，恐误大局缘由，恭折缕晰具奏伏乞皇上圣鉴，训示施行。谨奏。

【译文】

为江西巡抚陈启迈劣迹较多,担心贻误大局,恭敬具折上奏事,请求皇上鉴察。

臣私下认为如今东南数省敌人势力蔓延,完全是依赖总督、巡抚人选妥当,或许能维持补救,转危为安。臣到江西已经几个月了,仔细观察陈启迈的居心行事,再以舆论相佐证,实在是担心他贻误江西省,并贻误整个大局,不得不将有关情事向皇上细细陈述。

已革总兵赵如胜是奉旨发往新疆的人,去年经奏请留在江西省效力,陈启迈委派他管带战船百多号,水兵四千多人,大小炮位七百多座。十一月初五日驻扎在吴城镇,一听到敌军来的消息,赵如胜首先自己逃命,各队兵勇纷纷作鸟兽散,全军覆没,所有的船只火炮军械等全被敌军占有。其实,来的敌人并不多,民间至今相传不过九十多人而已。刚听到风声就自己逃命,已经是非常令人痛恨了,但陈启迈在上奏的折子中,竟然说赵如胜奋不顾身努力战斗一整天。他所丢失的几百只战船、七百多座大炮,并不一一陈述,含糊其词,掩饰欺骗,完全不顾及事实真相。之后又派赵如胜防堵饶州等地方,

正月间其败逃过三次。敌军攻破饶州城,陈启迈含含混混上奏,不但不定赵如胜的罪责,而且连他原定发往新疆的罪名也不曾提起,从始至终袒护包庇,置赏罚制度于不顾。

已革守备吴锡光是被和春参劾奉旨正法的人。吴锡光投奔江西,请求保全他的性命。陈启迈奏请其留在江西效力,并将日期倒填,说请留用的奏折在前,正法的圣旨在后,多方徇私庇护,虚报战功,既上奏为他请求开脱罪名,又上奏保举他屡次越级晋升,并奏请赏给他勇号。吴锡光为人强悍,若驾驭得法而好好利用,尚不失为一个能打仗的副职将领。至于他的贪婪淫乱,纵容兵丁骚扰民众这一点,如在南康时,军中的妇女有一百多人;过樵舍时,在街市上随意哄夺抢掠,实在为远近的士绅民众所痛恶。但陈启迈却一味袒护包庇,颠倒是非。今年正月二十九日,吴锡光纵容他的部下贵州省籍勇丁,无缘无故杀死龙泉籍勇丁一百八十七名,全省军民都为之抱不平。陈启迈既不将此事上奏,又不加以惩办,而在武宁县监狱中提取因他事犯案的勇丁,假冒贵州勇,捆绑杀头,以此掩人耳目。而众人更加对吴锡光蓄积愤怨,见他皆以冷眼注视,恨不得杀掉他而后快。

饶州的敌人聚集在四十里街。三月二十八日,吴锡光攻打饶州,才杀死敌军数十人,这是士绅百姓亲眼所见的。但陈启迈却在奏折中夸大其词说吴克复饶州,杀敌军三千余人,烧毁船百余多只。吴锡光与他的儿子、侄子,都得到保举而越级晋升,即使是平时在巡抚衙门里管账的胡应奎，也跟随着得到保举。

义宁州的陷落，实在是因为兴国、崇阳、通城等地土匪居多，太平军为少数，因吴锡光骄傲散漫，没有防备，仓促之间便败亡了，并非是有大股强悍敌军与他交锋的原因。但陈启迈却对此仗加以粉饰而上奏，说激战一整天，杀死敌军千多人。吴锡光的薪水口粮唯独比别的军营多，况且带兵只有七百人，却支领八百人的饷银。这是陈启迈当面叮嘱主管后勤的司道官员的，但奏折中则说，吴是自备粮饷。种种欺蒙，实在是出于情理之外。

自从战争爆发以来，各路上报的奏折夸大胜仗隐瞒败仗，不确实不完全之处很多，这些皇上也早已有所察识，但还没有像陈启迈的军情报告，几乎没有一个字不是虚假的。这种风气若是不改，则朝廷会完全不知外间的虚实安危等真实情况。这尤其为最大的忧虑。

臣与部属所率领的军队，自从进入江西省以来，对于大局而言，则可谓惭愧，无所补益，对于江西而言，则不能说没有功劳。塔齐布驻扎九江，防堵陆路上的大批敌军。臣曾国藩驻扎南康，防堵水路上的敌军。罗泽南克复一府两县，保全了东路。我们这支军队什么地方辜负了江西？但陈启迈多方面予以掣肘，动不动就以不给饷银来威胁。臣前后所支领的军饷，用的是侍郎黄赞汤捐赠买船炮的银子四十多万两及经奏准的漕粮折银数万两，这都是臣的军队本分应得的饷

银,并没有多支藩库里的银子。即便是完全从江西藩库里支取军饷,凡军饷中的一丝一毫,都是朝廷的银子,又哪里是陈启迈的私银呢?而陈启迈借军饷来挟制,三次公文,每次信函,都说不肯给饷。用这种方法,一方面来掣肘别人,一方面又在显示自己的私人恩惠。臣既担心没有军饷而造成军队溃散,又担心与陈启迈不和而耽误大事,不得不委曲求全顺从陈启迈。

罗泽南克复广信府城后,臣本想调他折转回饶州、都昌,以便与水师会合攻打湖口。陈启迈则调罗防守景德镇,又调他保护省城,臣都曲意顺从了。接着又调他往西边攻打义宁,臣正要回信同意,而陈启迈忽然又有调罗去湖口的信函传来,臣又回信表示同意,陈启迈忽然又有调罗往义宁的信。朝令夕改,反复无常,即使愿意迁就曲从,也不可能做到。

在二月份的时候,臣与陈启迈当面商量,认为江西也应当注重办理水师,要造几十只战船,招水兵千余人,以巩固本省的门户鄱阳湖,同时也可以作为楚军后路的声援,这样也好与该巡抚正月间上奏的奏折内容相符合。陈启迈深以为然,与臣会衔,下命令委任河南候补知府刘于淳经理这桩事。已经兴工开办了,忽然接到陈启迈的公文,说江西本省不须设立水师,停止造船等等。臣顺从陈的意思,另委任刘于淳在市汊建立造船厂,专门为臣的水师服务。忽然又接到陈启迈的公文,声称要将船厂里的船只调取交吴锡光新招募的水军用,又命令船厂继续造船十五只。船厂的办事人员已经遵从照办了，等到船造好后，陈启迈又说不需要了。一会儿要船一会儿又说不要船，一会儿要建水师一会儿又不要建水师，没有三天不改的号令，没有前后相符合的公文。不但臣在军务上难以与他共事，即便他的属员也都无所适从。

近几年来，皇上在谕旨里谆谆告诫并命各省举办团练，但大多只有虚名而少见实效。臣所见到的，只有湖南的平江县、江西的义宁州办理团练各有成效。这两省的奏折、书牍中也常说到这件事。用本地的捐款来训练本地的壮丁，屡次与敌军交战，击毙敌军团伙很多，所以这两州县为敌人所深切痛恨，也为敌人所最害怕。

去年义宁州屡获胜仗，捐款数目很大。事后论功，陈启迈向朝廷开保举单，出力的人没有得到保举，捐款的人没有得到保举，所保的，多数为各衙门中的官员亲戚及幕僚。陈启迈衙门里的陈心斋，也得到保举升为知县。义宁州绅民百姓怨声载道，在省城里张贴广告，说保举不公平，团练解散；敌人若是再来，该州民众绝不再捐款，亦不堵守敌军等。陈启迈并不认错改悔，悍然不顾舆情。到四月间敌军围攻州城，该州知州叶济英多次禀请救援，陈启迈也不发兵前去救援。困守了二十多天，州城最终陷落。敌人一向痛恨团练，杀戮达几万人之多，百姓都咬牙切齿恨巡抚保举的不公平，导致团练解散而遭此惨祸。

去年四月，塔齐布在湘潭大战中获胜，逃走的贼军由靖港往下游窜到岳州，另外一些零散败兵由醴陵窜到江西省，萍乡、万载等县都失守。万载县知县李峣弃城逃命，乡民彭才三等人，有的以马送贼人，有的以米送贼人，希望能躲过贼人的劫掠。贼军退走后，举人彭寿颐为首倡议组织团练，集合六个区为一个团，刊刻团练的规章制度，送交李峣批准照办。但彭才三愚蠢又狡诈，说送东西给贼军可以免祸，办团练反而是与贼军作对，故而抗拒不入团练，也不捐款，于是想将团练解散，反过来诬告彭寿颐一家人是豺狼，担心会造反等等。县令李峣受彭才三的贿赂，也袒护包庇彭才三而诬陷彭寿颐，蒙混通过。举人彭寿颐恨自己因刚正而遭受诬陷，因办团练而获咎，于是下决心检举李峣弃城逃命、彭才三给贼军送东西阻止办团等事，并到各衙门告状。袁州知府绍德能明辨是非，肯定彭寿颐办团练，反对彭才三送东西给贼军的做法，严辞批评李峣。巡抚陈启迈的批词却含含糊糊，不判断谁是谁非，官司打了半年，案子一直悬着未结。

今年正月，臣到江西省城南昌，彭寿颐前来告状。臣因为军务繁忙，没有空闲兼管民事诉讼，所以一直搁置没有处理，但是细看他所刊发的团练章程，条理精密，切实可行，于是我便传令召见本人，看出来这是一个才能卓越、有慷慨杀敌志向的人。因而与陈启迈当面商议，说彭的才干可用，他的官司无关紧要，臣打算带他到军营效力。两次与陈以公文相商，陈却始终不领悟，不但不为彭伸理冤屈，反而认为他办团是错误的；不但以他办团为错，还想消除县令弃城逃命的案子，而反坐彭的诬告之罪。颠倒黑白，到了令人发指的地步。

自从广东贼军肆虐横行造反，他们掠夺过的地方都一片狼藉，府县城池动不动就遭沦陷，守土之官不能以大义为重，与城池共存亡，按照律例治罪，原本就不能宽恕原来。各省的总督、巡抚因失守的地方太多，于是采取通融办理的方法，处分从宽，也常得到谕旨的允准。就以今年江西而论，饶州、广信两个府的失守，鄱阳、兴安等县的失守，陈启迈采取变通之法上奏，请减免府县官员的处分，都得到谕旨的允准。这是一时的权宜之计，是朝廷于法律外所施的仁政，并不是说守土者没有以身殉城的责任。万载县令李皓弃城逃命，陈启迈若能上折参劾，固然是属于正常办理；即使想减免他的处分，也未尝不可以变通上奏，但是存一个讨好下属的心，多方予以徇私庇护，还反坐彭的诬告之罪，这就是破坏纪纲。臣曾国藩为此事反复思考而愤愤不平。

乡民被敌军的凶残所震慑，或者不敢剃头发，或者不敢参加团练，反而送东西给贼人以求得免予掳掠，这叫做纳贡，也是各省各乡常有的事。对于那些甘心投敌的，可以重办；对那些愚昧无知的，可以轻办，甚至不办也可以。彭才三那钱财给贼人，既被人告发，陈启迈自应斟酌惩办，怎么能反坐彭寿颐的诬告罪，使得奸民得志，而烈士灰心呢？就在五月二十九日，陈命令臬司恽光宸严厉讯问，勒令彭写出自己存心诬告的书面材料。该举人不顺从，严刑拷打，酷暑天送进监狱，

千方百计加以虐待，并将他的举人功名革去。在陈启迈的心里，不过是为他的属员李峆免去失守的处分罢了，至于酿成冤案，严刑虐待绅士，大违舆论，即便陈的本意，也没有料到会这样。臬司恽光宸不问是非，横加指责办团的士绅，借以讨好上司，也属于谄媚无耻之流。

如今贼军势力盛大，全靠用团练这惟一的办法，用士绅的才干来辅助官府，借乡民的力量来杀敌人，或者可以弥补兵营的不足。现在义宁的团练既因保举不公而散伙，万载的团练又因官司颠倒而散伙，江西团练怎么能再有起色？至于遭受侵犯而残破的府县，纵使不能督办团练，也必须有知府县令在任，借以抚恤难民，清查土匪。但是，在臣驻扎南康两个月中，陈并不派官员来府城代理知府县令职务，这也是纪纲废弛的一个例子。

臣与陈启迈是同乡同年，又同在翰林院做过官，一向无嫌隙。在京师时，见他供职勤勉谨慎，自从共事江西以来，看到他颠倒是非，完全改变平日的常态，以致于军务混乱，议论很多，确实不是臣之前所能料到的。当前东南的军事情形，以江西、湖南最为吃紧，封疆大吏，责任重大。臣既然已经亲眼所见，担心贻误全局，不能不琐琐碎碎地叙述这些事情，报告给皇上，请求皇上作出自己的判断，如何权衡才是最恰当，不是臣所能妄自猜测的。关于江西巡抚陈启迈的劣迹较多，臣担心贻误大局，恭敬具折上奏，请皇上鉴察，指示有关部门执行。谨奏。

报丁父忧折

咸丰七年二月十六日

【原文】

奏为微臣现丁父忧，恭折驰报，仰祈圣鉴事。

窃臣于正月十七日，自省河拜折后，即驰至奉新，督带候补知府吴坤修一军。同赴瑞州，四面合围，开掘长壕，断贼接济。二月初四日回省一次，与西安将军臣福兴、巡抚臣文俊晤商大局。初九仍来瑞州。十一日接到家信，臣父诰封光禄大夫曾麟书于二月初四日病故。臣系属长子，例应开缺丁忧。溯查臣自咸丰二年奉命典试江西，奏蒙恩准假归省亲，行至太湖县闻讣丁母忧。即由九江奔丧回籍，甫经百日，奉旨饬办团练。时值武昌失守，数省震动。臣出而襄事折内声明，俟大局稍转，即当回籍终制，具奏在案。咸丰三年冬间，迭奉援鄂援

皖肃清江西之命。四年八月折内声明，臣系丁忧人员，如稍立战绩，无论何项褒荣，何项议叙，微臣概不敢受；办理稍有起色，即当奏明回籍，补行心丧等因，具奏亦在案。五年九月蒙恩补授兵部右侍郎。维时虽已服阕，而臣之私心常以未得在家守制为隐憾。今又遽丁父忧，计微臣服官二十年，未得一日侍养亲闱。前此母丧未能妥办葬事；今兹父丧未能躬视含殓。而军营数载，又过多而功寡，在国为一毫无补之人，在家有百身莫赎之罪。椎胸自责，抱痛何极！瑞州去臣家不过十日程途，即日遵制丁忧，奔丧回籍。一面由驿驰奏，恭候谕旨。

臣之胞弟曾国华出继叔父为嗣，现在瑞州军营，即日交卸回里，丁本生降服忧。胞弟曾国荃，现在吉安军营，亦应奔丧回籍。惟抚、建大股贼匪二万余人赴援吉安，连日与官军大战。虽迭获胜仗，而我军亦有伤亡，国荃之能否遄归，尚未可知。

伏查微臣经手事件，以水师为一大端。署提督杨载福驻扎九江，所统外江水师十五营；道员彭玉麟驻扎吴城，所统内湖水师八营。合计船只五百余号，炮位至二千余尊之多。此非臣一人所能为力。臣在衡州时，仅奏明造船百六十号，岳州以下虽陆续增添，而九江败挫之后，则水师中衰。其时回援湖北者仅船百余号，赖彭玉麟力支危局，胡林翼、杨载福重廓规模，而又有广东督臣购运洋炮，湖南抚臣督率官绅广置船只、子药，于是外江之水师始振。陷入鄱湖者亦仅船百余号。赖江西抚臣及总局司道竭力维持，增修船炮，筹备子药，于是内湖之水师亦振。合四省之物力、各督抚之经营、杨载福等数年之战功，乃克成此一支水军。臣不过因人成事，岂敢无其实而居其名。惟臣因事离营，内外水军或分歧而不定，相应奏明，请旨特派署提督臣杨载福总统外江内湖水师事务，惠潮嘉道彭玉麟协理外江内湖水师事务，庶几号令归一，名实相符。杨载福战功最伟，才识远胜于臣。彭玉麟备历险艰，有烈士之风。伏乞圣恩时加训励，该二人必能了肃清江面之局。仍请旨饬下湖北抚臣胡林翼月筹银三万两，江西抚臣文俊月筹银二万两，解交杨载福、彭玉麟水营，俾此军不以饥疲致溃。则不特为攻剿九江、湖口所必需，即将来围攻金陵、巡防长江，亦必多所裨益。此臣经手事件之大端也。

自水师而外，惟湘勇系同县之人，宝勇系久从之卒，于臣略有关系。现在李续宾之湘勇驻扎九江，精劲朴实，隐然巨镇，久在圣明洞鉴之中。刘腾鸿之湘勇，普承尧之宝勇，驻扎瑞州，严明勤谨，足当大敌。但使饷项稍敷，必能树立功绩。臣在军中亦无所益，即不在军中亦无所损。此外，江西水陆诸军，及各省援师，自去岁以来，皆由抚臣文俊与臣会商调遣。今臣丁忧开缺，应由西安将军福兴与抚臣会商办理。近日洪、杨内乱，武、汉肃清，袁州、奉新等处克复数城，江西局势似有旋转之机。惟臣猝遭父丧，苫块昏迷，不复能料理营务。合无吁恳天恩，准臣在籍守制，稍尽人子之心，而广教孝之典，全家感戴皇仁，实无既极；抑或赏假数月，仍赴军营效力之处，听候

谕旨遵行。现在函商将军福兴、巡抚文俊两臣,酌请一人前来瑞州,抚循各营将士。臣拜折后,即由瑞州奔丧回里。除俟抵家后再行呈报外,所有微臣丁忧开缺缘由,理合由驿六百里驰奏。伏乞皇上圣鉴,训示施行。谨奏。

【译文】

微臣的父亲病故，现在正处于守丧期，恭敬具此折报告，请求皇上鉴察。

微臣在正月十七日，从南昌河面上拜发奏折之后，立刻奔赴奉新县，带领候补知府吴坤修的军队，一起向瑞州行军，展开四面包围，并且开挖长壕，将城内贼军的接济截断。二月初四日返回南昌一次，与西安将军福兴、巡抚文俊当面商议大局。初九日抵达瑞州。十一日接到家信，臣的父亲诰封光禄大夫曾麟书在二月初四日不幸病故。臣身为长子，按照惯例应该开去公职回家守丧。

咸丰二年，臣奉圣上旨意主考江西乡试，曾蒙恩批准一个月的假期回家省亲。途经安徽太湖县，收到了母亲病故的讣闻，立刻从九江转道回籍奔丧。刚过百日就接到圣命，让臣办理团练事务。当时正好赶上武昌失守，临近的几个省全部被震动了，臣在出山协助办事的折子中声明，等到大局稍微有些好转，就应该回家将丧期守完，这些都是写在之前的奏折中。咸丰三年冬天，接连接到援救湖北、安徽和肃清江西的命令。咸丰四年八月在奏折中声明，臣是丁忧人员，如果稍稍立下战功，不管是哪一种褒扬荣誉，哪一种奖励迁升，微臣

一律不敢接受，事情处理的稍微有些起色，即当奏请回籍，在心里等待丧仪补齐等，一并奏明，也全部存在档案中。

咸丰五年九月，蒙恩补授兵部右侍郎，那时的丧期虽然已满，但是臣在心里经常以未能在家里守丧而感到遗憾。今天忽然之间又要为父亲守丧。仔细算来，臣做官二十年，没有一天在家侍奉父母。先前母亲去世的时候没有妥善处理丧事，现在父亲病故又没有亲自在家料理丧事，至于在军营几年，又过失多而功劳少，对于国家来说是一个毫无补益的人，对于家庭而言却有着百个身子都不可以替赎的罪过。常常捶打胸膛自我责备，内心痛苦万分。瑞州距离微臣的家不过十几天的路程，就在今天遵守礼制服父丧，回家处理大殓，一面由驿站快速递送奏折，恭候圣旨。

臣的胞弟曾国华过继给叔父当儿子，现在身在瑞州军营，同样是在今天交代军务回家，为生父守丧。胞弟曾国荃现身在吉安军中，也应该回籍奔丧。只因抚州、建州大批贼军两万多人赶赴救援吉安，连续几天和官军作战，虽然多次获胜，但是我军也有伤亡。国荃是否可以立即回家，尚未可知。

臣经手的事情，以水师作为一桩大事。署理提督杨载福在九江驻扎，所统领的外江水师为十五个营。道员彭玉麟在吴城驻扎，所统领的内湖水师八个营。两支水师合计船只五百多号，炮位达二千多座。这并不是靠微臣一个人就能办到的。

微臣在衡州的时候，只奏明造船一百六十号，到达岳州之后虽然陆续增加，但是九江失败受挫之后，水师开始衰弱。那时回援湖北的只有一百多号船，靠着彭玉麟支撑危局，胡林翼、杨载福重新拓展规模，又加上两广总督购运洋炮，湖南巡抚领导官绅广为制造船只炸药，于是外江水师重新振兴。陷入鄱阳湖的船只只有一百多号，依靠江西巡抚和总局官员们竭力维持，增加了修缮船只大炮，筹备炸药，于是内湖水师也可以得到振兴。综合四省的物力、各位总督巡抚的经营以及杨载福等人数年的功绩，才可以成就一支水师，臣不过是因为别人而成事，哪敢无其实而居其名。

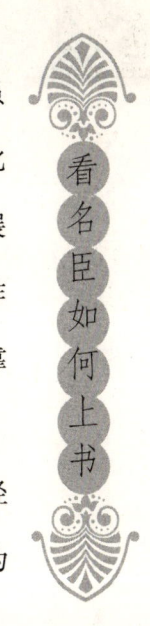

　　只是臣因为事情要离开军营，内外两支水师或许有些分歧而不能明确职责的区分，因此奏明皇上，请下旨派署理提督杨载福总管外江内湖全体水师事务，派遣惠潮嘉道彭玉麟协助管理外江内湖全体水师事务。如此就可以使号令统一，名副其实。杨载福的功绩虽大，才干和智慧都在微臣之上。彭玉麟经历过艰险，有壮烈勇士之风。请求皇上可以经常加以督促和鼓励，这两个人一定可以完成肃清江面的任务。依旧恳请下令湖北巡抚胡林翼每个月筹集银子三万两，江西巡抚文俊每个月筹集银子二万两，解来交给杨载福、彭玉麟水营，好让这支军队不会因为饥饿而溃散。这支水师不仅仅是攻九江、湖口之所必需，即使是将来围攻南京，巡防长江，也一定有很多好处。这是臣所有经手的事情中最主要的一件。

除了水师之外，只有湘乡勇丁是同县的人，宝庆勇丁是相从已久的团练，和微臣略微有些关系。现在，李续宾的湘勇就驻扎在九江，锐意进取且朴实无华，犹如一支劲旅，早就在皇上的洞察之中。刘腾鸿的湘乡勇丁，普承尧的宝庆勇丁在瑞州驻扎，严明勤谨，足以有能力抵挡大敌。只要粮饷稍微多一点，一定可以建立功绩。臣在军中也无所补益，即便不在军中也无所损伤。除此之外，江西水陆诸军和各省的援军，自从去年以来，都由巡抚文俊与臣会同商量之后再行调遣。眼下微臣开去公职守丧，应该由西安将军福兴与巡抚会同商量之后再行办理。

连日来洪杨内乱，武汉肃清，袁州奉新等收复了几处失地，江西局势似乎有了转机。只是微臣突然之间遭受父亲病故，守丧期间神志不清，不能料理军营中的事物。是否可以恳切请求皇上恩准臣在家守制，稍稍尽些为人子的心意，而推广以孝治国的教化，臣的全家感激皇上的仁爱，实在是永无止境的；或者是赏给几个月的假期，之后回到军营效劳。这些都要听从皇上的命令，臣将遵照执行。现在，臣已经去信给将军福兴、巡抚文俊两人，恳请他们中的一人来到瑞州，对各营的将士进行安抚。臣拜发奏折之后，就由瑞州直接奔丧回家。除了回家之后再行禀报之外，所有关于臣开缺回籍守丧的缘由，理应由驿站用六百里的快递奏报，请求皇上鉴察，训诫指示，由臣执行。谨奏。

沥陈办事艰难仍吁恳在籍守制折

咸丰七年六月初六日

【原文】

奏为沥陈微臣办事艰难竭蹶，终恐贻误，吁恳在籍守制，恭折奏祈圣鉴事。

窃臣谬厕戎行，与闻军事。仰蒙圣慈垂注，帱载恩深。凡有奏请，多蒙俞允；即有过失，常荷宥原。遭逢圣明，得行其志，较之古来疆场之臣掣肘万端者，何止霄壤之别。惟以臣之愚，处臣之位，历年所值之时势，亦殊有艰难情状无以自申者，不得不略陈于圣主之前。

定例军营出缺，先尽在军人员拨补，给予札付。臣处一军，概系募勇，不特参、游、都、守以上无缺可补，即千、把、外委亦终不能得缺。武弁相从数年，虽保举至二三品，而充哨长者，仍领哨长额饷。充队目者，仍领队目额饷。一日告假，即时开除，终不得照绿营廉

俸之例，长远支领。弁勇互生猜疑，徒有保举之名，永无履任之实。或与巡抚、提督共事一方，隶人衙门，则挑补实缺；隶臣麾下，则长生觖望。臣未奉有统兵之旨，历年在外，不敢奏调满汉各营官兵。实缺之将领太少，大小不足以相维，权位不足以相辖。去年会筹江西军务，偶欲补一千、把之缺，必婉一商巡抚，请其酌补。其隶九江镇标者，犹须商之总兵，令其给予札付。虽居兵部堂官之位，而事权反不如提镇，此办事艰难之一端也。

国家定制，各省文武黜陟之权，责成督抚。相沿日久，积威有渐。督抚之喜怒，州县之荣辱进退系焉。州县之敬畏督抚，盖出于势之不得已。其奉承意旨，常探乎心之所未言。臣办理军务，处处与地方官相交涉。文武僚属，大率视臣为客，视本管上司为主。宾主既已歧视，呼应断难灵通。防剿之事，不必尽谋之地方官矣。至于筹饷之事，如地丁、漕折、劝捐、抽厘，何一不经由州县之人？或臣营抽厘之处而州县故为阻挠，或臣营已捐之户而州县另行逼勒，欲听之，则深虑事势之窒碍；欲惩之，则恐与大吏相龃龉。钱漕一事，小民平日本以浮收为苦，近年又处积困之余。自甲寅冬间，两路悍贼窜入江西，所在劫掠，民不聊生。今欲于未经克复之州县征收钱漕，劝谕捐输，则必有劲旅屯驻，以庇民之室家，而又或择良吏，以恤民隐。或广学额，以振士气。或永减向日之浮收，或奏豁一年之正课，使民感惠于前，幸泽于后。庶几屡捐而不怨，竭脂膏奉公上而不以为苦。然此数者，皆巡抚之专政。臣身为客官，职在军旅，于劝捐扰民之事，则职分所得为。于吏治、学额、减漕、豁免诸务，则不敢越俎代谋。纵欲出一恺恻详明之告示，以儆官邪而慰民望，而身非地方大吏，州县未必奉行，百姓亦终难见信。此办事艰难之一端也。

臣帮办团练之始，仿照通例，镌刻木质关防，其文曰：钦命帮办团防查匪事务前任礼部右侍郎之关防。咸丰四年八月，臣剿贼出境，湖南抚臣咨送木印一颗，其文曰：钦命办理军务前任礼部侍郎关防。九江败后，五年正月换刻：钦差兵部侍郎衔前礼部侍郎关防。是年秋间补缺，又换刻：钦差兵部右侍郎之关防。臣前后所奉援鄂、援皖，筹备船炮，肃清江面诸谕，皆系接奉廷寄，未经明降谕旨，外间时有讥议。或谓臣系自请出征，不应支领官饷；或谓臣未奉明诏，不应称钦差字样；或谓臣曾经革职，不应专折奏事。臣低首茹叹，但求集事，虽被侮辱而不辞。迄今岁月太久，关防之更换太多，往往疑为伪造，酿成事端。如李成谋战功卓著，已保至参将矣，被刑辱于芷江县，出示以臣印札而不见信；周凤山备历艰辛，已保至副将矣，被羁押于长汀县，亦出示以臣印札而不见信。前福建巡抚吕俭孙，曾专函驰询臣印不符之故。甚至捐生领臣处之实收，每为州县猜疑，加之鞫讯。或以为不足据，而勒令续捐。今若再赴军营，又须另刻关防，歧舛愈多，凭信愈难。臣驻扎之省，营次无定，间有部颁紧要之件，亦不径交臣营。四年所请部照，因久稽而重请。六年所请实官执照，至今尚无交到确

耗。此外文员之凭、武官之札，皆由督抚转交，臣营常迟久而不到。军中之事，贵取信如金石，迅速如风霆，而臣则势有所不能。斯又办事艰难之一端也。

兹三者其端甚微，关系甚巨。以臣细察今日局势，非位任巡抚有察吏之权者，决不能以治军。纵能治军，决不能兼及筹饷。臣处客寄虚悬之位，又无圆通济变之才，恐终不免于贻误大局。凡有领军之责者，军覆则死之；有守城之责者，城破则死之。此天地之常经，古今之通义。微臣讲求颇熟，不敢逾闲。今楚军断无覆败之患，省城亦无意外之虞。臣赴江西，无所容其规避，特以所陈三端艰难情形既如此，而夺情两次，得罪名教又如彼。斯则宛转萦思，不得不泣陈于圣主之前者也。臣冒昧之见，如果贼势猖狂，江西危迫，臣当专折驰奏，请赴军营，以明不敢避难之义。若犹是目下平安之状，则由将军、巡抚会办，事权较专，提挈较捷。臣仍吁恳天恩在籍终制，多守数月，尽数月之心；多守一年，尽一年之心，出自圣主逾格鸿慈，不胜惶恐待命之至。所有沥陈办事艰难，仍吁恳终制缘由，恭折驰奏，伏乞皇上圣鉴，训示施行。谨奏。

【译文】

为点点滴滴陈述臣办事的艰难历程,总是害怕会耽误大局,恳请在家守制事,恭敬具折,仰望皇上鉴察。

臣不才能够在军营效力,谈论军事,承蒙皇上的厚爱,恩德之深如天覆地载。凡是我所请求的,皇上都会恩准;即使有一些过失,也经常会得到宽宥原谅。遇到圣明的君主,能够实现自己的意愿,和自古以来那些受制于人的带兵将领相比,何止是天壤之别啊。只是依臣的愚钝,站在臣的角度上,历年来所经历的时代形势,确实也有自己说不出的艰难苦楚,不得不在皇上面前略微地说上一说。

按照定例,军营中如果出现空缺的职位,首先应该从军中人员中选拔补缺,然后下达任命书。臣这里的一支军队,大都是招募而来的勇丁,不但参将、游击、都司、守备以上的职位没有什么空缺的地方,即便是千总、把总、外委这些低级的职位也始终没有什么空缺。军中头目从军多年,虽然保举到二三品,但是实际上也就是个做哨长的,依然领着哨长的定额饷;实际上是做队长的,也依然领着队长的定额饷。一旦告假,便立刻除去他的职务,始终无法依据绿营的例子,长远支付其领养廉费以及俸薪。头目和勇丁之间相互猜疑,空有保举之名,却没有真正履行过自己的职责。如果和巡抚、提督在一起做事,

属于人家衙门的，则可以选出来替补实缺；如果属于臣帐下的，就只好抱着遗憾生活了。臣没有奉到统领军队的圣旨，常年在外征战，不敢擅自奏请调遣八旗和绿营的官兵。有实际职务的将领实在是太少了，大小之间又不能相互维持，权位之间也无法相互管辖。去年一起筹办江西军务，偶尔想要补个千总、把总的职位空缺，都必须和巡抚好言商量，请他酌情提拔。那些隶属九江镇所辖的营哨，也必须和总兵商议，请他传达任命书。虽然居于兵部侍郎的职位，但是办事的权力却还没有提督、总兵的大。这是办事艰难的一个方面。

根据国家的定制，各省文武官员的升降权力，都由总督、巡抚掌管。这个定制已经传承了很久，督抚的威望也渐渐地由此建立。督抚的喜怒哀乐，直接关系到州县官员的荣辱进退。州县官员敬督抚，都是因为权势所造成的，必须如此。他们奉督抚的旨意，经常是到了只需要揣测心思而不需要言语表达的地步。臣处理军务，时刻要和地方官员打交道。臣的文武部下，大多都是把臣当作客人来看待，而将他的本管上司看作为主人。宾主之间的位置既然已经混淆，呼应也就很难畅通了。

防守剿战这样的事情，并不需要和地方官商量，至于筹备军饷的事情，比如地丁税、劝士绅捐赠的款项、漕粮折换的银钱、抽取厘金等，哪一样不是经过州县官员的手？或者是臣的军营设厘卡的地方，而州县则是故意阻挠；或者是已经向臣的军营捐钱的人家，州县又再次派人去催促。如果任其发展下去，则实在对事情遭此妨碍窒息而忧虑；

如果稍加惩罚，又担心会和地方官员关系恶化。征收钱粮这样的事情，老百姓平日里就苦于官府的多收，近些年来又长期生活在贫困中。自从甲寅年冬季，两支强悍的贼军流入江西，所到之处都被抢劫一空，致使民不聊生。现在如果要在没有收回的州县征收钱粮，劝说捐赠款项，则需要有劲旅驻扎，以此来保护百姓的室家，又要选择品性好的官员，能够体恤百姓疾苦。或者增加进学者的名额，以此来鼓励读书人，或者是将那多收的钱粮永远免去，或者是奏请免去一年的正规税收，让百姓对得到的恩惠充满感激，并且会庆幸以后还能够享受到这样的恩泽。这么做或者多派几次捐款也没有什么怨言，竭尽汗水给官府奉献也不会觉得辛苦。但是这些方面，皆是巡抚的专职权利。

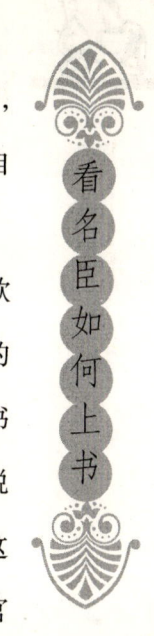

臣身为做客的官员，又在军营里面任职，于劝捐扰民的事，都是职责分内的事，对于学额、减漕、吏治、豁免这些事，也不敢越俎代庖。即便想到了一个可以详细说明的告示，可以用来警醒官场上的歪风邪气而抚慰百姓的企盼，但是自己本身又不是地方大吏，州县各级衙门未必会依言办理，百姓也不会全然相信，这是办事艰难的又一方面。

臣帮助办理团练的初期，根据惯例，雕刻了一个木头印信，上面写着：钦命帮办团防查匪事务前任礼部右侍郎之关防。咸丰四年八月，臣外出协助剿匪工作，湖南巡抚给我寄来了一个木印，上面刻着：钦命办理军务前任礼部侍郎关防。九江战役战败后，五年正月，又重新给我换了一颗，上面的文字为：钦差兵部侍郎衔前礼部侍郎关防。今年秋天补了实缺，又换了一颗，上面刻着：钦差兵部右侍郎之关防。

臣前前后后所收到的援救湖北、安徽、筹备船炮肃清江面等旨意，都是从内阁那里接手的，却从来没有看到过直接下达的圣旨，外间还有一些嘲讽的言论。有些人说臣是自愿请求出征，不应该领取官府的饷银；有人则是说臣没有收到直接下达的圣旨，所以不应该称之为"钦差"二字；有的则说臣曾经革过职，不应该再专折奏事。臣只能低头叹息，但是只求尽力把这件事情做好，虽然被侮辱也不会辞去这项使命。到现在时隔已久，关防也更换了很多，通常都是被怀疑为伪造，以致于引起一些不必要的事端。比如李成谋战功卓越，已保举为参将了，却在芷江县受到了刑罚的耻辱，出示了盖有臣印信的任命书，还是有人不相信。周凤山经历了艰辛万苦，被提拔为副将，却被拘押在长汀县，出示盖有臣印信的任命书后，还是不被相信。前福建巡抚吕俭孙，曾经专门写信询问臣印信前后不符的原因。甚至还有一些捐款的生员，收到臣军营所发的收据单，也被每个州县所怀疑，对于捐款的人更是严加审讯。或者有的则认为单凭收据单并不足以为据，并勒令其继续捐款。现在如果再回到军营，又需要重新刻一个关防。前后不合的关防越来越多，要想作为凭信就更是难上加难了。臣所驻扎的省份，因为臣住的军营不固定，中间或许有兵部颁发的重要文件，有的却不直接提交给臣所属的军营。咸丰四年，所申请的部照，因为滞留了太长时间而不得不重新申请。咸丰六年，所请的实官执照，到现在都没有收到一个确切的消息。另外文官的凭单、武官的委札都是由总督巡抚转交，臣的军营经常会因为拖延太久而收不到这些文件。军中的事情，最重要的就是如金子般的信任，如风驰电掣般的迅速，而臣则因为情势所故而做不到这些。这又是办事艰难的一个方面。

　　这三个方面，从具体的事情来看到都不是什么大事，但是它们的影响却是不容小觑的。以依臣对今日局势的详细观察，如果没有巡抚的职务具备督察官吏的权力的人，就决不能治理军队。即便能够治理军队，也绝不可能会兼及筹饷的事情。臣处在客寄虚悬的位置上，也没有变通济变之才，总是害怕就此会耽误了大局。凡是有带领军队责任的人，军队覆没则将领也应该以身殉职；凡是那些镇守城池的人，城池沦陷，那么那些人也应该以死殉职。这是天经地义、亘古不变的道理。臣对此有深刻领会，不敢逾越半步。如今的楚军绝对没有覆没的忧患，省城也不会有意外的危险。臣前往江西的事宜，也没有什么逃避的理由，只是将办事的三个艰难之处如实说出，再加上两次夺情，又确实得罪了很多名教。于是思来想去，禁不住流泪陈述于皇上面前。臣冒昧请求，如果贼军很猖狂，江西危在旦夕的话，臣理当专门呈递一奏折，请求前往军营，以表明不会躲避危难的心迹。如果眼下还算是安然的话，那么就由将军、巡抚去一起办理，事情和权力比较集中，指挥起来也比较方便，臣依然请求皇上施恩，让臣在家终制。多守几个月，就能够多尽几个月的孝心，多守一年，就能够多尽一年的孝心，这些都要依靠皇上的格外关怀，臣不胜惶恐等待命令。所有关于细陈办事的艰难，再次请求在家终制的缘由，恭敬具折上奏，求皇上鉴察，教训指示，以便执行。谨奏。

恭报起程日期折

咸丰八年六月十七日

【原文】

奏为恭报起程日期，仰祈圣鉴事。

窃臣于六月初三日，准湖南巡抚咨称承准军机大臣字寄，五月二十一日内阁奉上谕：

前因江西贼匪窜入浙江之常山、开化，围逼衢州府城，迭由江南、徽州等处调拨援师，驰往救援。恐官军无所统属，特加漳州镇总兵周天受提督衔，督办浙江防剿事宜。嗣因处州失守，并攻陷金华所属之永康、武义二县，恐周天受资望较浅，未能统率众军。复谕和春前往督办。兹据和春奏，现在患病未痊，刻难就道。东南大局攸关，必须声威素著之大员，督率各军，方能措置裕如。曾国藩开缺回籍，计将服阕。现在江西抚、建均经克复，止余吉安一府，有曾国荃、刘腾鹤等兵勇，足敷剿办。前谕耆龄饬令萧启江、张运兰、王开化等驰援浙江。该员等皆系曾国藩旧部，所带勇丁，得曾国藩调遣，可期得力。本日已明降谕旨，令曾国藩驰驿前往浙江，办理军务。着骆秉章即传旨令该侍郎迅赴江西，督率萧启江等星驰赴援浙境，与周天受等各军力图扫荡。该侍郎前此墨绖从戎，不辞劳瘁，朕所深悉。现当浙省军务吃紧之时，谅能仰体朕意，毋负委任。何日起程，并着迅速奏闻，以慰厪念。将此由六百里各谕令知之。钦此。

伏念浙江完富之区，关系东南大局。贼势方张，亟应迅筹援剿。遵即于初七日自家起程。十二日抵长沙，与抚臣骆秉章会商。并一面飞饬萧启江、张运兰、王开化等，由抚、建拔营进驻铅山县之河口镇。臣拟由水路至九江登陆，遄抵河口大营，即便督率，星驰赴浙。盖由湖南、江西陆路赴浙，与假道湖北，程途远近相同。而夏令南风，顺水舟行较速。且臣军后路饷需转运一切，亦须与湖北督抚臣面相商榷，庶期无误师行。臣才质凡陋，频年饱历忧虞，待罪行间，过多功寡，伏蒙皇上鸿慈，曲加矜宥，惟有殚竭愚忱，慎勉襄事，以求稍纾宵旰忧勤。所有军务一切，俟行抵河口后，再行详悉陈奏。理合将微臣起程日期，恭折由驿复奏，伏乞皇上圣鉴，训示施行。谨奏。

【译文】

为报告起程日期事上奏,请皇上鉴察。

臣在六月初三日,收到湖南巡抚的咨文,称接到军机大臣的廷寄。廷寄中说五月二十一日内阁奉到上谕:"先前因为江西的贼匪窜入浙江的常山、开化,包围逼迫衢州府城,多次由江南、徽州等处调拨军队迅速前往援救。担心官军无人统率,特别给漳州镇总兵周天受加上提督衔,督促办理浙江省的防剿事宜。现因处州失守,并攻陷金华府所属的永康、武义两县,担心周天受资历较浅,尚不能统率众军,再命和春前去督办。现据和春奏,正在生病尚未痊愈,此刻难以起程。东南大局关系重大,必须要有声望威信素著的大将来督率各军,才能指挥自如。曾国藩开缺公职回家,估计丧期将要满了。现在江西省抚州、建州两府都已收复,只剩下吉安一个府,有曾国荃、刘腾鹤等兵勇足够剿办。前此已命耆龄令萧启江、张运兰、王开化等迅速赶赴浙江援救。这些人都是曾国藩的旧部,所带的勇丁受曾国藩的调遣,可以期望得力。今天已公开颁发谕旨,令曾国藩迅速由驿道前往浙江,办理军务。命骆秉章立即传旨令该侍郎迅速赶到江西,督率萧启江等人日夜奔赴浙江援救,与周天受等各军奋力扫荡。该侍郎先前墨绖从戎，不辞劳苦，朕是深知的。现在正当浙江军务吃紧的时候，谅必能体会朕的心意，不负委任。何日起程，望立即奏报，以免系念。将这道谕旨由六百里快递，让有关方面知道。钦此"。

臣知道浙江乃完好富裕的地区，关系着东南大局，贼匪的势力正在嚣张扩散，亟需迅速筹措援剿事宜，遵旨即于初七日由家中出发，十二日抵达长沙，与巡抚骆秉章会面商量，并一面快速去函令萧启江、张运兰、王开化等由抚州、建州开拔，进驻铅山县的河口镇。臣打算由水路到九江登陆，直接抵达河口指挥部，就近统率，日夜奔赴浙江。由湖南、江西陆路去浙江，与借道湖北，路程远近差不多。但夏天刮南风，顺水行舟较为快速，而且臣军的后路饷银军需供应等一切，也必须与湖北总督巡抚当面商量，方可指望不耽误军队的远行。臣的才能品德平凡粗陋，这些年来饱经忧虑，负罪于军营，过失多而功劳少，蒙皇上博大的慈爱，曲意加以宽宥，惟有竭尽诚意，谨慎勤勉办事，以求得稍稍减轻一点皇上的忧虑和辛劳。所有关于军务的一切，等到抵达河口后再行详细报告。按理应当将起程的日期恭敬具折由驿站禀复，请皇上鉴察指示，以慢遵行。谨奏。

谢曾骥云赐封典恩折

咸丰九年二月十五日

【原文】

奏为恭谢天恩,仰祈圣鉴事。

窃臣弟曾国华在三河殉节,经臣奏报后,嗣准湖广督臣恭录咨会,蒙恩优恤,复经臣于本年二月初九日专折叩谢天恩在案。顷准兵部由驿递回前折,钦奉朱批:"另有旨。"咸丰九年正月二十六日,内阁奉上谕:曾国藩奏伊弟曾国华殉难情形一折。候选同知曾国华在三河镇殉难,当经降旨追赠道员,从优议恤。该故员历著战功,一门忠义,着再加恩赏给伊父曾骥云从二品封典,以示褒嘉。钦此。臣伏读之下,感激涕零。窃念臣弟一介儒生,捐躯报国,荷蒙温谕频颁,殊恩迭被,既赠监司之秩,复膺封典之荣。存没均沾,哀感无既。伏查臣胞叔曾骥云,道光三十年正月二十七日,恭遇覃恩,臣在侍郎任内加一级,曾邀貤封从一品荣禄大夫。咸丰二年四月三十日恭遇覃恩，又以臣官加二级，得晋貤封正一品光禄大夫。兹复仰蒙锡类之仁，特荷褒嘉之典。臣已肃具家书，恭宣谕旨。诰轴则祗领新纶，谨拜此日九重之命；顶戴则仍从旧秩，不忘昔年两次之恩。惟是隆施稠迭，报称尤难。臣惟有竭尽愚忠，代臣弟弥未竟之憾，代臣叔抒向日之忱，以期仰答高厚生成于万一。所有微臣感激下忱，理合专折附驿，叩谢天恩，伏乞皇上圣鉴。谨奏。

【译文】

咸丰九年二月十五日

为了感谢圣上的恩德，所以恭恭敬敬地请求皇上鉴察。

微臣的弟弟曾国华在三河不幸殉难，在微臣奏报之后，接到了湖广总督抄录上谕的咨文，蒙恩圣上的优待抚恤，微臣可以在本年二月初九日专门将奏折呈上特叩谢天恩浩荡。刚刚通过兵部由驿站递回了这道奏折，亲自交予皇上朱批："另有旨。"咸丰九年正月二十六日，内阁奉命上疏："收到了曾国藩奏报他的弟弟曾国华殉难的奏折。知道曾国华在三河镇不幸殉难，已经下旨追封曾国华为道员，对其家属需要特别抚恤。曾国华常年在外作战立下赫赫战功，全家都是忠义之士，应该再加恩典，赐封他的父亲曾骥云为二品官员，以此来表示对他的褒奖。"钦此。

微臣读完之后感激涕零。私下里臣认为自己的弟弟本是一介书生，为国捐躯，承蒙圣上屡次颁发旨意，特殊的恩德频频赐予，又追赠为道员，又加封我的父亲。生者死者都蒙受恩赏，实在是感激不尽。臣伏案自己查阅了臣的叔叔曾骥云，在道光三十年正月二十七日有幸得到圣上的封赏，臣在侍郎任职内又晋升一级。咸丰二年四月三十日幸运地遇到圣上普行封赏，又将臣的官衔晋升二级，因此叔父晋升为正一品光禄大夫。这次再蒙受赏赐仁爱，格外获得褒嘉盛典。臣已通过家书恭敬地将此次谕旨宣告家人。封诰典册则敬领新颁的人，在这里拜谢皇上的隆恩；顶戴就按照以往的官秩，以表示没有忘记之前的两次荣典。只是隆重的赏赐接连来临，想要报答实属难事。臣之后一心忠于圣上，代替臣的弟弟弥补事情没有办完的遗憾，代表臣的叔父抒发内心的感谢，以此来报答圣上天高地厚的恩情的万分之一。微臣的所有感激之情，按道理来说应该是由驿呈递，依次来叩谢皇上的恩德，还请皇上鉴察。谨奏。

遵旨会筹规剿皖逆折

咸丰九年十月十七日

【原文】

奏为遵旨悉心筹酌，恭折复奏，仰祈圣鉴事。

窃咸丰九年九月二十八日，承准军机大臣字寄，九月二十一日奉上谕：

曾国藩奏遵旨筹剿皖匪机宜，现已由鄂回驻巴河一折。皖省贼氛甚炽，必须楚师东下方可扫荡。曾国藩奏称：以两军循江而下，规取安庆、桐城；两军循山而进，规取舒城、庐州。各军所部兵勇，自即照官文前奏派拨。该侍郎独任一路，尚拟将萧启江调回，派张运兰留湘协防。但萧启江一军已入粤西。现当桂林危急万分，全恃此军援应，急切未能调回。至湘中防堵，尚有兵勇可派，着该侍郎斟酌情形，即将张运兰调取回鄂，亦可补萧启江之缺。

再，本日据袁甲三、庚长奏：现闻官文等筹议进兵剿办皖逆，并议令胜保等于东北路截剿。惟胜保、傅振邦兵力单弱，一经楚师大举，深恐驱贼北窜，请饬由光州、固始、颍州一带，绕赴北路进剿等语。曾国藩所奏北路一军由商城前进，本去颍州不远，惟须折赴六安，规取庐州，则蒙、亳等处已难兼顾。此时捻、粤勾结，设因南路不支，竟图北窜，恐傅振邦、翁同书等不能堵遏，袁甲三等所虑，亦不为无见。着官文、曾国藩、胡林翼再行悉心筹酌。所有东下四军内，应如何派出一军，取道光、固、颍州，绕出怀、蒙以北，与胜保等官军会合南剿，俾逆匪不致北犯，是为至要。袁甲三等原折，着抄给阅看。至此次官文等会筹大举，关系全局利害，总须计出万全，不妨稍迟时日，谋定后动也。将此由六百里各谕令知之。钦此。

仰蒙皇上筹维全局，指示机宜，曷胜钦感！伏惟自古办窃号之贼，与办流贼不同。剿办流贼，法当预防以待其至，坚守以挫其锐。剿办窃号之贼，法当剪除枝叶，并捣老巢。今之洪秀全据金陵，陈玉成据安庆，私立正朔，伪称王侯，窃号之贼也。石达开等之由浙而闽、而江、而湖南、而广西，流贼之象也。宫、张诸捻之股数众多，分合无定，亦流贼之类也。自洪、杨内乱，镇江克复，金陵逆首，凶焰久衰，徒以陈玉成往来江北，勾结捻匪，庐州、浦口、三河等处，迭挫我师，遂令皖北之糜烂日广，江南之贼粮不绝。臣等窃以为欲廓清诸路，必先攻破金陵。全局一振，而后江南大营之兵，可以分剿数省，其饷亦

可分润数处。欲攻破金陵，必先驻重兵于滁、和，而后可去江宁之外屏，断芜湖之粮路。欲驻兵滁、和，必先围安庆，以破陈逆之老巢，兼捣庐州，以攻陈逆之所必救。诚能围攻两处，略取旁县，该逆备多力分，不特不敢悉力北窜齐、豫，并不敢壹意东顾江浦、六合。盖窃号之贼，未有不竭死力以护其本根也。现拟四路进兵，自江滨而北。第一路由宿松、石碑以规安庆，臣国藩亲自任之。第二路由太湖、潜山以取桐城，多隆阿、鲍超等任之。第三路由英山、霍山以取舒城，臣林翼亲自任之，先驻楚、皖之交，调度诸军，兼筹转运。第四路由商、固以规庐州，调回李续宜一军任之。

袁甲三等原奏，恐驱贼北窜，请由光、固、颍州绕赴北路等语。查湘勇久战江滨，于淮北贼情地势，不甚熟悉，能否绕出怀、蒙以北，应俟李续宜军至固始后，察看情形，再行奏明办理。

至萧启江一军，臣国藩前于奏明后，即经檄调来鄂。嗣闻桂林解围，又经飞札催调。计日内当已由粤回湘。张运兰一军，经湖南抚臣派防郴州。该道久劳于外，适值防务稍纾，禀请给假三月，暂予休息。臣国藩与骆秉章皆经批准，难遽北来。应恳皇上天恩，仍饬萧启江来皖，俾臣等少收臂指之助。除俟各军取齐，再行驰报外，所有遵旨悉心会筹缘由，谨合词恭折，由驿五百里复奏，伏乞皇上圣鉴，训示施行。谨奏。

【译文】

为了尊请圣上悉心斟酌需要筹划的事情，所以恭恭敬敬地写了这封奏折奏请，请求皇上鉴察。

咸丰九年九月二十八日，我接到了来自军机大臣寄来的一封九月二十一日奏写的奏折：

曾国藩奏请奉旨筹划剿灭安徽贼匪的事情，现在武昌回驻巴河的奏折已经审阅。安徽省的贼匪士气异常炽烈，需要湘军东下才能完全扫荡。曾国藩奏称：调派两支军队沿长江而下，计划夺取安庆、桐城；以两支军队沿着山脉前进，计划夺取舒城、庐州。各个军队的士兵，自应该按照官文先前奏折上面的规定进行调拨。侍郎独挡一面，可以将萧启江从湖南调回，派遣张运兰留在湖南协助防守。但是此时萧启江的大军已经进驻广西，现在正是桂林危急万分的时刻，完全依靠这支军队的援助，事情紧急不可以调回。至于湖南的防守和堵截，还有部队可以调派。所以，侍郎应该依据情况的缓急酌情处理，即刻将张运兰调回湖北，也可弥补萧启江的空缺。

另外，按照今天袁甲三、庚长的奏报，听说现在官文等待筹划

和讨论如何进兵剿杀安徽贼逆，并且在商议让胜保等人在东北一路进行堵截围剿。但是胜保、傅振邦的兵力单薄，一旦湘军大举进攻，恐怕会将贼匪向北部驱逐流窜，请命令光州、固始、颍州一带的士兵，绕道奔赴向北路进军继而剿杀贼匪。曾国藩奏请的北路一军主要由商城方面挺进，此去就会离颍州越来越近，但是需要折转奔赴六安，计划夺取庐州，到时候蒙城、亳州等地也难以兼顾。这时候捻军、太平军互相勾结，假设此时南路大军难以抵挡，想要向北逃窜的话，恐怕傅振邦、翁同书带领的大军不能抵挡。袁甲三等人的顾虑，也不能说没有远见。请官文、曾国藩、胡林翼再用心斟酌筹划。所有东下的四支军队之中应该怎样派出一支军队，进军光州、固始、颍州，而绕过怀宁、蒙城的北部，继而和胜保等官军在南剿会师，让逆匪没有机会向北边侵犯，这是最关键的。袁甲三等人的原折，我会一并抄阅给圣上查看。这一次官文等会面筹划大事，关系到全局的利害，必须商量出一个万无一失的计策才可以，不妨稍稍推迟一些日子，谋略制定妥当后再行动。这封奏折由六百里快马加鞭告知圣上。钦此。

承蒙皇上为全局考虑，指示作战的时机，臣将不胜感激。臣等认为，自古以来剿办谋权篡位的贼匪与剿办四处流窜的贼匪不同。剿办那些流窜的贼匪，方法是做好防守等待他的到来，坚守城塞以挫败他的锋锐。剿办那些谋权篡位的贼匪，其方法就是要斩草除根，并捣毁他的老巢。如今洪秀全驻守在金陵，陈玉成占领了安庆，私自建立了自己的国号，称王称侯，这就是窃取国号的贼匪。石达开等人从浙江到福建，到江西，到湖南，到广西，这就是流窜之贼的表现。宫（龚）得树、张乐行等捻军的分支众多，分分合合没有定数，这也是要归到流窜之贼的行列。自从洪秀全、杨秀清发生内讧，镇江收复，金陵城里逆贼首领的凶恶气焰衰退已久，让陈玉成来到长江以北地区，勾结捻军，在庐州、浦口、三河等处多次挫败我军，遂令安徽北部地区糜烂日益扩展，长江南部的贼人粮食不至于断绝。

臣等以为，想要肃清各路敌军，一定要首先攻破金陵。全局一旦振起，之后的江南大营的士兵可以分剿各省，他们的军饷也可以分出一些补贴其他军队。想要攻破金陵，必须先驻重兵于滁州、和州，而后可以除去江宁的外部屏障，断掉芜湖的粮路。要想驻兵于滁州、和州，必须先围攻安庆，用以破除陈玉成的老巢，兼顾捣毁庐州，借以攻破陈玉成所必须救的城池。如果真能围攻安庆、庐州，拿下旁边的县城，陈玉成防备处增多，兵力分散，不但不敢全力往北窜向山东、河南，也不敢一心一意东顾江浦、六合。因为窃取国号的贼，没有不竭尽死力来保护它的根本之地的。现打算四路进兵，沿着江边向北开拔。第一路由宿松、石碑而进，用来规复安庆，臣曾国藩亲自负责。第二路由太湖、潜山而进，用来攻取桐城，多隆阿、鲍超等人负责。第三路由英山、霍山而进，以攻取舒城，臣胡林翼亲自负责。先驻扎在湖北、安徽的交界地，调度各路军队，兼顾筹划转运。第四路由商州、

固始而进，以规复庐州，调李续宜一军回来担任。

袁甲三等人的奏折中担心将贼匪向北部驱逐，有请求从光州、固始、颍州绕道北路的想法。湘军在江滨地区作战已久，对于安徽北部贼情地势不太熟悉，可不可以绕过怀宁、蒙城之北，应该等到李续宜的军队到固始察看情形后，再行奏请如何办理。

至于萧启江的军队，臣曾国藩在之前已经奏明，即刻下旨调来湖北。近日听说桂林的困境已经解除，就赶紧发文催促，估计这几天就可以从广西回到湖南。张运兰的大军，由湖南巡抚派往郴州进行防守。该道员长久在外辛劳，恰好遇上防守任务稍稍舒松，已来禀请给他三个月的假期，暂时休息一下。臣曾国藩与骆秉章都已经批准了，一时还很难到达。恳请皇上天恩，已久命令萧启江来安徽，可以助微臣一臂之力。除等各军到齐再行奏报外，所有关于遵旨尽心会商筹划的经过，谨共同具文由驿站五百里快递奏明，请皇上鉴察教训，以便施行。谨奏。

谢署两江总督恩折

咸丰十年五月初三日

【原文】

奏为恭谢天恩,仰祈圣鉴事。

窃臣于本年四月二十八日,承准军机大臣字寄,咸丰十年四月二十一日奉上谕"曾国藩已有旨署理两江总督,自应统带各军,兼程前进等因。"钦此。臣虽尚未接准部文将钦奉谕旨恭录行知,闻命之下,谨已恭设香案,望阙叩头谢恩讫。伏念臣从戎七载,未展一筹。既无横草之功,兼有采薪之患,乃蒙龙光曲被,虎节遥颁,膺九陛之殊恩,畀两江之重寄。鸿慈逾格,感悚难名。

查江督统辖三省,兼理盐政、河漕、江防诸务,地大物众,任重事繁,在平时已才力之难胜,况目下实艰危之尤甚。建业之沦为异域,苏常又失于崇朝。臣忝任兼圻,仍司九伐,只自惭其绵薄,讵有济于涓埃?惟国家多事之秋,岂臣子怀安之日!计惟有殚心奉职,

啮指誓师，揽辔而志澄清，尽收疆土，下车而问疾苦，速拯疮痍，庶几仰答高厚生成于万一。除另折陈报一切军情外，所有微臣感激下忱，理合专折付驿，叩谢天恩，伏乞皇上圣鉴。谨奏。

【译文】

为了感谢对我的恩德大事,请求皇上来鉴察。

臣在咸丰年四月二十八日,收到了来自军机大臣处下发的文件,上面记载了咸丰十年四月二十一日的上谕:"已经下旨,任命曾国藩为两江总督,应该统帅所属各路人马,日夜兼程赶往上任"等语。臣虽然还没有接到吏部恭录圣旨的正式公文,但是已经得知此事,于是,就恭恭谨谨地摆好了各种香案,面朝北向吾皇叩头谢恩。

臣统帅湘军已经有七年了,在这七年中,都没有什么太大的施展,没有立下显赫的战功,而且还身患疾病请假回籍,承蒙皇上眷顾,授予了我继续带兵的权利。这次得到皇上的特殊恩德,将两江总督的重任交付给了我。这份超越常规的慈爱,真的让我感到非常惶恐。

两江总督的职责主要是统辖三省,兼顾办理盐政、河漕、江防等方面的事务,管辖范围广大,物产丰庶,任务非常艰巨,繁琐的事情也很多,如果放在平时,就已经深深地感觉到难以胜任了,更何况现在处在最为艰苦危难的时候。如今,南京尚在沦陷,苏州、常州又从朝廷的手中丧失。臣担任兼管三省的总督,又掌管着征伐的重任,

对自己绵薄之力深感惭愧，怎么可能对时局有所补救呢？但国家正处在多事之秋的时刻，作为臣子，怎么能够怀有企图安逸之心呢！惟有竭尽全力恪尽职守，咬破手指滴血誓师，手握马缰来表明自己平生澄清天下的大志，收回失去的国土，一下车就去询问百姓的疾苦，整顿因战乱而造成的满目疮痍。如此，或许也只可以报答万分之一的恩情。关于军情方面的事已经在另外的一封奏折中上报了，所有关于臣的感激心情，理应交往驿站叩谢皇恩，请求皇上鉴察。谨奏。

苏常无锡失陷

遵旨通筹全局并办理大概情形折

咸丰十年五月初三日

【原文】

奏为钦奉迭次谕旨,通筹全局,并办理大概情形,恭折复陈,仰祈圣鉴事。

窃臣于四月二十五日,承准军机大臣字寄,咸丰十年四月十八日奉上谕:

本日据乔松年奏常州城外各营已溃,郡城被围,无锡乡间已有贼踪等语。为今之计,自以保卫苏、常为第一要务。着官文、曾国藩、胡林翼熟商妥议,统筹全局。即令曾国藩统领所部各军,赴援苏、常,

或未能深入救援，亦可扼截江面，以杜北窜等因。钦此。

四月二十八日，准官文咨开，二十五日准军机大臣字寄，四月十九日奉上谕：

现在常州岌岌可危，无锡又有贼踪，可以径犯苏城。江南大局，几同瓦解。曾国藩接奉此旨，即统率所部兵勇，取道宁国、广、建一带，径赴苏州，相机兜剿，以保全东南大局，毋稍迟误等因。钦此。

同日承准军机大臣字寄，四月二十一日奉上谕：

本日据徐有壬、许乃钊奏，贼逼苏州，和春受伤身故，张玉良在无锡一带驻扎，请催各路援兵。现在江南情形，万分危急，亟待援兵速集，以冀挽回大局。曾国藩已有旨署理两江总督，自应统带各军，兼程前进等因。钦此。

仰见圣主眷怀南服，移缓就急之至意。臣于四月二十二日，准张芾来函：苏州于十三日失守。旋接王有龄咨函：常州于初六日失守，无锡于初十日失守，张玉良于十四夜回抵杭州等语。接阅之下，骇愤莫名。窃以为苏、常未失，即宜提兵赴援，冀保完善之区。苏、常既失，则须通筹各路全局，择下手之要着，求立脚之根本。自古平江南之贼，必踞上游之势，建瓴而下，乃能成功。自咸丰三年金陵被陷，向荣、和春等皆督军由东面进攻，原欲屏蔽苏浙，因时制宜，而屡进屡挫，迄不能克金陵，而转失苏、常。非兵力之尚单，实形势之未得也。今东南决裂，贼焰益张。欲复苏、常，南军须从浙江而入，北军须从金陵而入。欲复金陵，北岸则须先克安庆、和州，南岸则须先克池州、芜湖，庶得以上制下之势。若仍从东路入手，内外主客，形势全失，必至仍蹈覆辙，终无了期。臣所部万余人，已进薄安庆城下，深沟固垒，挖浚长壕。若一撤动，则多隆阿攻桐城之军，亦须撤回。即英山、霍山防兵，均须酌退。各路皆退，则军气馁而贼气盛，不但鄂边难以自保，即北路袁甲三、翁同书各军，亦觉孤立无援。是安庆一军，目前关系淮南之全局，将来即为克复金陵之张本。此臣反复筹思，安庆城围不可遽撤之实情也。

臣奉恩命权制两江，必须带兵过江，驻扎南岸，以固吴会之人心，而壮徽、宁之声援，无论兵之多寡，将之强弱，臣职应南渡，不敢稍缓。现定于十日内拔营渡江，驻扎徽州、池州两府境内。拟于江之南岸，分兵三路：第一路由池州进规芜湖，与杨载福、彭玉麟之水师，就近联络；第二路由祁门至旌、太，进图溧阳，与张芾、周天受等军就近联络；第三路分防广信、玉山，以至衢州，与张玉良、王有龄等军就近联络。目下安庆之围不可骤撤，臣函商官文、胡林翼酌拨万人，先带起程，一面分遣员弁，回湘添募劲勇，陆续赶赴行营，以资分拨，约须七月方能到齐，八月方能进剿。此臣移师皖南，拟募新勇，分途剿办之情形也。从前金陵大营，以苏、常为根本，饷糈军械，源源取

给，故能支柱数年。臣今自皖南进兵，应以江西为根本。昨据安庆营中盘获逆首陈玉成自金陵发来伪文，内称现派贼目杨辅青、李世贤、李秀成等，直取苏、常，再攻徽、浙，以窜江西。又拟派贼目吴如孝、张乐行，由定远、秀、颍、六、霍，以窜湖北，两路大举等语。苏、常已失，则该逆所称各狡计，均属意中之事。急须先事预防。湖北各军，有官文、胡林翼调度堵遏，谅可无虞。江西兵力单弱，实不足以折新胜之焰，御百倍之贼，必须湖南劲旅，越境协防。湖南抚臣骆秉章素顾大局，为圣主所深知。此次贼若窥伺江西，所有兵勇饷械，仍当借资湖南。臣等往返咨商，竭五、六两月之力，办江楚三省之防。仰仗皇上威福，能待兵勇渐齐，布置渐定，然后贼众始至，与之力战，所以保固江西、两湖者在此，所以规复安徽、三吴者亦在此。目今贼焰方炽，人心大震，但求立脚之坚定，无论逆氛之增长。此臣闻贼计大举上犯，拟先防而后剿之情形也。

臣才识短绌，夙乏远略，姑就近处筹划，略陈梗概。其松江等属，是否尚存，苏省文武，殉难若干，暨淮扬完区，如何设法保全，应俟查明熟筹，陆续陈奏。其起程日期，亦俟另疏具报。谨将遵旨统筹全局，并办理大概情形，先行缮折，由六百里复奏。是否有当，伏乞皇上圣鉴训示。谨奏。

【译文】

为接连上次收到的谕旨，通盘筹划全局，并且还有如何收复等大致情形，都在这个奏折里面答复陈述，请求皇上鉴察。

臣在四月二十五日，收到了来自军机大臣处寄来的公文，其中记录了咸丰十年四月十八日的上谕："今天根据乔松年的奏报，常州城外的各军营都已经溃散，城池被包围，无锡的乡间已经发现了贼人的踪迹，根据现在所处的形势来看，最重要的就是保全苏州和常州。官文、曾国藩、胡林翼进行仔细地商讨，妥善地安排，从全局进行一次总体的统筹。令曾国藩率领所辖的军队，赶赴苏州、常州进行紧急救援，如果实在没有办法深入战场进行救援，也可以扼控长江的江面，以便杜绝贼军向北方进行逃窜。"等等。钦此。

四月二十八日，官文寄来的咨文中有一份二十五日军机大臣处寄来的公文，其中记录有一份四月十九日所奉的上谕："在目前的形势下，常州岌岌可危，无锡又到处出现贼人的踪迹，可以直接进犯苏州城。江南的局势，几乎完全崩临瓦解。曾国藩接到这道谕旨后，

立即率领所属部下，一路进军攻取江西宁国、广信、建昌一带，并且直接赶赴苏州，等待时机进行围剿，确保保证全东南大局的稳定，切不可以有任何的迟误。"等等。钦此。

同一天，又接到了军机大臣处下发的公文，记载了四月二十一日的上谕："今天根据徐有壬、许乃钊所奏报的内容来看，贼人已经进犯苏州城，和春受伤阵亡，张玉良在无锡一带驻扎，请求各路援兵紧急前来协同行动。现在的江南形式已经万分危急了，迫切需要救兵前来与其会和，以便希望能够挽回大局。已有谕旨任命曾国藩为代理两江总督，更应该统帅各军，日夜兼程赶往阵地。"等等。钦此。

从以上种种措施中，可以看出皇上心中一直忧虑着南方的国土，将兵力东移救急的殷切之意。臣于四月二十二日，接到由张芾寄来的信，信上说苏州城已于十三日失守。紧接着接到王有龄的咨文，文中说常州城已于初六日失守，无锡城已于初十日失守，张玉良已于十四夜回到杭州等等，臣看后惊骇愤恨已极。

臣私下认为，苏州、常州未失守时，应立即带兵前往救援，力图确保完善之城。苏州、常州既然已经失守，那么则须通盘来筹划全局，选择下手的首要办法，求得站住脚的根本之地。自古以来，平定江南的贼人，必须稳踞上游，凭着上游之地形取高屋建瓴的优势，才能获得成功。自从咸丰三年金陵城陷落以来，向荣、和春等都是督率军队由东面进攻，原本是想像屏风那样遮蔽江苏、浙江，依据时势而制定相宜的策略，但屡次进攻而屡次受挫，至今不能攻克金陵，反倒转而失去了苏州、常州。这并非兵力单薄，而是未得形势的缘故。现在东南被贼军分割，贼军的气焰更加嚣张，要收复苏州、常州，南面的军队必须从浙江进入，北面的军队必须从金陵进入。要收复金陵，长江北岸地区则必须先克复安庆、和州，长江南岸地区必须先克复池州、芜湖，如此可以取得以上制下的形势。若依旧从东路入手，那么内与外、主与客之间的形势就全部失落了，必然会重蹈覆辙，始终没有了结之日。臣所率领的军队万余人，已进入安庆城下，深挖沟渠，构筑坚固堡垒，又挖通长壕。若一旦撤离，那么多隆阿围攻桐城的军队也须撤回，连英山、霍山的防兵也须酌情撤退。各路都撤退，则会使我军气馁而敌军气盛，不但湖北边界地域难以自保，而且北路袁甲三、翁同书等军队，也会觉得孤立无援。所以，安庆这支军队，目前关系着安徽南部的全局，以后也就是为收复金陵所预备的力量。这是臣反复筹划思考，认为安庆围军不应立即撤离的实际情况。

臣奉皇上之命暂时节制两江，必须带兵过长江驻扎在南岸，以安定苏南各都会的人心，而壮大徽州、宁国等地的声援，无论兵力的多与少，将领的强与弱，按臣的职分应该南渡，不敢稍加松缓。现在已定在十天内拔营渡江，驻扎在徽州、池州两府境内。打算在长江的南岸分兵三路：第一路由池州进军规复芜湖，以便与杨载福、

彭玉麟的水师就近联络；第二路由祁门至旌德、太平，进军夺取溧阳，以便与张芾、周天受就近联络；第三路分防广信府城及玉山县，一直到衢州府，以便与张玉良、王有龄等军就近联络。目前安庆围师不能骤然撤离，臣已去信与官文、胡林翼商量，酌情调拨一万人，先带兵起程，一面派人回湖南招募强劲勇丁，陆续赶往前线军营，以便分别调拨。这些勇丁大约需要到七月份才能到齐，八月方能投入战斗。这是臣移师安徽南部，且打算招募新勇分途对付贼军的情形。

先前金陵城边的江南大营，以苏州、常州为其根据地，饷银、粮草、军械等，都依靠根据地源源不断提供，所以能支撑好些年。臣现在从皖南进兵，应当以江西为根据地。昨日据安庆军营截获匪逆首领陈玉成从金陵发来的伪文，文中称现委派贼匪头目杨辅青、李世贤、李秀成等直接拿下苏州、常州，后再攻打安徽、浙江，借以流窜江西。又打算委派贼匪头目吴如孝、张乐行，由安徽定远、秀、颍上、六安、霍山，借以流窜湖北，两路大举等等。苏州、常州已丢失，则该逆目所说的各个狡计，都是意料之中的事，急须先行预防。湖北各军，有官文、胡林翼调度堵遏，想必可无顾虑。江西兵力单薄，实在不足以折损新胜之贼军的气焰，抵御强过百倍的贼匪，必须湖南的劲旅越出省境协助防守。湖南巡抚骆秉章素来顾全大局，为皇上所深知。这一次贼匪若窥伺江西，所有兵勇的粮饷器械，依旧应当借助于湖南。臣等人用公文反复商讨，尽五、六两个月的力量，办理江西、湖北、湖南三省的防务。仰仗皇上的威福，能够等兵勇逐渐齐备，布置逐渐稳定，然后贼军才到，与他们拼力奋战，保固江西与两湖的指望在这里，规复安徽与三吴的指望也在这里。眼下贼匪气焰正是嚣张，人心所为震动，只求立脚的坚定，不去计较逆匪的嚣张气焰。这是臣听说贼匪预计大举进犯，打算先防后剿的情形。

臣的才与识都很短浅，一向缺乏远略，姑且就近筹划，略为陈述大概，至于松江等地区是否陷落，江苏省的文武官员殉难多少，及苏北淮扬一带完善之区如何来设法保全，应等候调查明确仔细商讨后再陆续奏明。至于起程日期，也等另外具折上报。遵旨将统一筹划全局，以及办理的大概情形，先行具折，由六百里快递复奏。是否妥当，请求皇上鉴察训示。谨奏。

奏请带兵北上以靖夷氛折

咸丰十年九月初六日

【原文】

奏为钦奉谕旨，恭折复奏，仰祈圣鉴事。

窃臣于八月二十六日，承准军机大臣字寄，咸丰十年八月十一日奉上谕：

本日胜保奏夷氛逼近关下，请飞召外援，以资夹击一折。据称用兵之道，全贵以长击短。逆夷专以火器见长，若我军能奋身扑进，兵刃相接，贼之枪炮，近无所施，必能大捷。蒙古、京旗兵丁，不能奋身击刺，惟川、楚健勇，能俯身猱进，与贼相搏，逆夷定可大受惩创。请饬下袁甲三等，各于川、楚勇中，共挑选得力若干名，派员管带，即行起程，克日赴京，以解危急等语。逆夷犯顺，夺我大沽炮台，占据天津。抚议未成，现已带兵至通州以西，距京咫尺。僧格林沁等兵屡失利，都城戒严，情形万分危急。现在军营川、楚各勇，均甚得力，着曾国藩、袁甲三各选川、楚精勇二三千名，即令鲍超、张得胜管带。并着庆廉于新募彝勇及各起川、楚勇中，挑选得力者数千名，即派副将黄得魁、游击赵喜义管带。安徽苗练，向称勇敢，着翁同书、傅振邦饬令苗沛霖遴选练丁数千名，派委妥员管带。均着兼程前进，克日赴京，交胜保调遣，勿得借词延宕，坐视君国之急。惟有殷盼大兵云集，迅扫逆氛，同膺懋赏，是为至要。将此由六百里加紧各谕令知之。钦此。

跪读之下，神魂震越，痛愤天地。是日又闻徽州失守之信。旋又接胜保咨，敬悉圣驾巡幸热河。臣既自恨军威不振，甫接皖南防务，旬日之间，两郡失陷。又值夷氛内犯，凭陵郊甸。东望吴越，莫分圣主累岁之忧；北望滦阳，惊闻君父非常之变。且愧且愤，涕零如雨。而以新军败溃，又不得不强颜抚慰，镇定人心。

鲍超一军自宁国失后，渐扎太平。自徽州失后，又令其回驻渔亭，以遏寇氛。钦奉谕旨，饬鲍超赴京交胜保调遣。窃计自徽州至京，五千余里，步队趱程，须三个月乃可赶到。而逆夷去都城仅数十里，安危之几，想不出八九两月之内。鲍超若于十一月抵京，殊恐缓不济急。若逆夷凶顽，犹豫相持，果至数月之久，则楚军入援，岂可仅以鲍超应诏？应恳天恩，于臣与胡林翼二人中，饬派一人带兵北上，冀效尺寸之劳，稍雪敷天之愤。非敢谓臣与胡林翼二人遂能陷阵冲锋，杀敌致果也，特以受恩最深，任事已久，目前可带湘鄂之勇，途次可

索齐豫之饷,呼应较灵,集事较速。鲍超虽号骁雄之将,究非致远之才,兵勇未必乐从,邻饷尤难应手。纵使即日饬令起程,而弁勇怀观望之心,途次无主持之人,必致展转濡滞。本年四月初五日,将军都兴阿奉驰赴扬州之命,即于初十日拜折起程。厥后因楚勇惮远行之劳,途中虞饷项之缺,迁延至八月十九日乃果成行。今若令鲍超率师北上,即再四严催,亦不免于迁延。度才审势,皆惧无济。如蒙圣恩,于臣与胡林翼二人中,饬派一人,督师北向,护卫京畿,则人数稍多,裨益较大。

惟臣若蒙钦派北上,则当与左宗棠同行,皖南暂不能进兵,只能退守江西境内。胡林翼若蒙钦派北上,则当与李续宜同行。皖北暂不能进兵,只能退守湖北境内。俟该夷就抚之后,仍可率师南旋,再图恢复皖、吴。臣等虽均有封疆之责,而臣国藩本未接印,胡林翼尚有督臣经理,皆无交卸事件,一经派出,数日即可就道。区区微忱,伏乞圣慈垂鉴。所有钦奉谕旨,恭折由驿六百里加紧复奏。伏乞皇上训示施行。谨奏。

【译文】

为接奉谕旨复奏之事，请求皇上鉴察。

臣在八月二十六日接到由军机大臣寄来的咸丰十年八月十一日所奉的上谕："今天胜保上奏了一道奏折，题目是洋人已经逼近城关，请朝廷火速征召外省援兵，内外夹击洋人。据奏折所称，用自己的长处打击敌人的短处才是用兵的妙法。洋人的专长是拥有强大的火器，如果我军能够不顾性命地扑上前去与敌人面对面的对战，那么洋人的枪炮在短距离里没法施展，那么我军肯定能取得胜利。蒙古兵和驻扎在北京的八旗军队都不能以性命相搏，只有四川、湖南的健勇能够不顾性命匍匐前进，与洋人搏斗，洋人肯定会受到重创。请你下令给袁甲三等人在四川、湖南团勇中挑选一批得力的人，派员管带，马上起程，让他们限时赶往京师，以便解救危急。洋人大逆不道，竟然进犯我顺天而行的大清，夺取我大沽口炮台，并且占领了天津城。我方和洋人的和议还没有达成，洋人现在已经带兵到达了通州以西，离京师已经很近了。僧格林沁等人的军队屡次失利，都城现在已经戒严，情形万分危急。现在军营的四川、湖南等团勇训练得都很得力，

着曾国藩、袁甲三各挑选四川、湖南精锐兵勇二三千人，即令鲍超、张得胜管带。并着庆廉在最近招募的彝族团勇及各起四川、湖南团勇中，挑选训练得力者数千人，即刻委派副将黄得魁、游击赵喜义管带。安徽苗沛霖的团练，一向被人称之为勇敢，着翁同书、傅振邦下令苗沛霖挑选团练勇丁数千人，委派得力的人管带。所有的人马都要日夜兼程，限时赶赴京师，交给胜保调遣，不得找借口拖延，解救皇上和朝廷的危急状况。只有殷切盼望大兵在北京汇集，迅速扫除洋人嚣张的气焰，一起领受朝廷将颁发的赏赐，这才是最重要的。将此件以日行六百里的加速快递给有关人员。"钦此。

臣跪读之后，十分震惊，内心充满了悲痛和对洋人的愤恨。同一天，又听到了徽州府城失守的消息。随后又接到胜保的咨文，得知皇上的圣驾已经到了热河。臣悔恨不能够振作军威，刚刚接手皖南的防务，十天之内两次让府城失守，这个时候洋人又进犯到内地，竟然来到了京师城外。东边眺望吴越，不能为皇上分担多年的忧虑；北边眺望滦阳，惊闻皇上又遭受巨大的变故。臣感到惭愧和愤恨，禁不住雷雨如下。但是因为新组合的军队打了败仗，又不得不强作镇静来安抚稳定军心。

鲍超的军队自从丢失了宁国府城后，逐渐移军到太平府驻扎。自从丢失了徽州之后，又令他回到渔亭驻扎，用以遏制贼军的气焰。微臣接到皇上命令鲍超赶赴京师交给胜保调遣的谕旨后，便私下考虑：从徽州到京师要走五千多里，大部队兼程步行，也要走三个月才能够赶到，但是现在洋人离都城只有数十里，京城的安危，想必八、九两个月就能知晓，鲍超如果在十一月抵达京师，真担心已经解不了京城的危急情况。如果洋人顽固凶狠，两军之间对峙真的能持续两三个月，那么楚军进京救援，又怎么能仅仅让鲍超应诏呢？应当请求皇上，在臣与胡林翼两人之间，选择一个人带兵北上，希望能为皇上效劳，稍稍能弥补一点心中的遗恨。不是夸口说臣与胡林翼两人就能够冲锋陷阵，杀敌获胜，只是因为受到皇上的恩惠最深，任事也久，目前可以带湖南、湖北的团勇，在行军北上的途中能够索要山东、河南的饷银，彼此之间的呼应比较灵活，也能较快地成事。鲍超虽然是骁勇的将领，但却终究不是能够想到长远的人才，兵勇未必愿意跟随他，邻省的饷银特别难弄得到手。如果明天就让他起程北上，而将士们都怀着观望的心态，行军途中也没有能够主持全局的人，必然会辗转迁延，耽误进京的时间。

今年四月初五，将军都兴阿奉命赶到扬州，当即于初十拜折起程。后来，因为楚勇害怕远行太过辛苦，又担心途中缺少粮饷，所以拖延到八月十九才正式成行。现在如果令鲍超率师北上，即使再三地催促，也不能免于迁延。揣度鲍超的才干，审察当前的形势，都很害怕最终

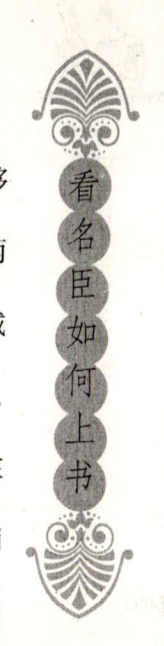

没有什么效果。

　　如果能蒙皇上的恩泽，在臣和胡林翼两人中指派一人督促军队北上，保卫京师，那么跟随的人数能稍微多些，也能有较大的效益。只是如果臣被指派北上的话，则应当与左宗棠一同走，那么皖南就暂时不能出兵，只能在江西省境内退守。如果胡林翼被指派北上，则应当与李续宜一道走，那么皖北就暂时不能出兵，只能在湖北境内退守。等到这批洋兵接受安抚后，臣仍旧率兵回到南方，再试图恢复安徽及苏南。臣等人虽然都有封疆的责任，而臣曾国藩本来就还没有接印，至于胡林翼，则还有湖广总督在武昌管理湖北的政事，都没有需要交割的事情，一旦指派，几天内就能够起程。这一点小小的诚心，请皇上鉴察。所有关于奉到谕旨、恭谨具折由驿站以六百里快递回答等事宜，请皇上批示，以便执行。谨奏。

遵旨复奏借俄兵助剿发逆并代运南漕折

咸丰十年十一月初八日

【原文】

奏为遵旨复陈,仰祈圣鉴事。

窃臣于十月二十五日,承准军机大臣密寄十月十一日上谕:本年秋间,英、法两国带兵扑犯都城,业经换约退兵。俄罗斯使臣伊格那替业幅,亦即随后换约。该酋见恭亲王奕䜣等面称:发逆在江南等处横行,请令中国官军于陆路统重兵进剿,该国拨兵三四百名,在水路会击,必可得手。又称:明年南漕运京,恐沿途或有阻碍,伊在上海时,有美国商人及中国粤商,情愿领价采办台米、洋米运津。

如令伊寄信上海领事官，将来洋船、沙船均可装载，用俄、美旗帜，即保无虞等语。中国剿贼、运漕，断无专借资外国之理。惟思江浙地方糜烂，兵力不敷剿办，如借俄兵之力帮同办理，逆贼若能早平，我之元气亦可渐复。但恐该国所贪在利，借口协同剿贼，或格外再有要求，不可不思患预防。法郎西在京时，亦有此请。着曾国藩等公同悉心体察。如利多害少，尚可为救急之方，即行迅速奏明，候旨定夺。至代运南漕一节，江、浙地方沦陷，明岁能否办理新漕，尚无定议。然漕粮为天庾正供，自不可缺。该酋所称采办运津之说，是否可行，应如何妥议章程办理之处，并着曾国藩、薛焕、王有龄酌量情形，迅速具奏。将此由六百里各密谕知之。钦此。

具仰皇上圣虑周详，驭夷之方，达变之略，无微弗至，钦服莫名。臣就俄酋所陈二事思之。

其请拨夷兵三四百名助剿金陵发逆一节。查大西洋英、法、美各国，恃其船坚炮大，横行海上。俄罗斯国都，紧接大西洋，所用船炮及所习技艺，均足相抗，近始由重洋以通中国。该夷与我，向无嫌怨，其请用兵船助剿发逆，自非别有诡谋。康熙年间进攻台湾，曾调荷兰夹板船助剿，亦中国借资夷船之一证。惟长江二千余里，上游安庆、芜湖等处，有杨载福、彭玉麟等水师；下游扬州、镇江等处，有吴全美、李德麟之水师。臣现又在长沙、吴城等处添造师船，为明年驶赴淮扬之用。是皖、吴官军之单薄在陆而不在水，金陵发逆之横行亦在陆而不在水。此时我之陆军，势不能遽进金陵，若俄夷兵船即由海口上驶，亦未能遽收夹击之效。应请饬下王大臣等，传谕该夷酋，奖其效顺之忱，缓其会师之期。俟陆军克复皖、浙、苏、常各郡后，再由统兵大臣约会该酋，派船助剿。庶在我足以自立，在彼亦乐与有成。法郎西亦有此请，亦可奖而允之。许其来助，示以和好而无猜，缓其师期，明非有急而来救。自古外夷之助中国，成功之后，每多意外要求。彼时操纵失宜，或致别开嫌隙。似不如先与约定，兵船若干只，雇价若干，每船夷兵若干，需月饷若干，军火一切经费若干，一一说明。将来助剿时，均由上海粮台支应，庶可免争竞而杜衅端。

至所称美商领价采米运津一节。江、浙各郡县地方沦陷既多，明年新漕，势难赴办。美商、粤商情愿领价采办台米、洋米，由海道运至津、沽，实亦济变之要着。俄酋既以此为请，似即可因而许之。除粤商采办之米，应由该商自行经理，毋庸插用俄、美旗帜外，所有美商采办运津之米，亦请饬薛焕在上海就近与该商订明。粤商领价，须取保户。美商则听美酋经理，当可无误要需。为时局计，似亦舍此别无良策，伏乞圣明察酌行之。

抑臣窃有请者，驭夷之道，贵识夷情。以大西洋诸夷论之，英吉利狡黠最甚，法郎西次之，俄罗斯势力大于英、法，尝与英夷争斗，为英所惮。美利坚人，性质醇厚，其于中国素称恭顺。道光十九年，英夷因鸦片肇衅之始，兵船闯入广州省河，美酋曾于参赞大臣杨芳处

递禀，愿为居间调处。英酋义律，旋出亲笔，有"只求通商、不讨别情"等语，是并烟价亦不敢索也。杨芳曾据以入奏，而不敢专主其议。会官军烧抢洋行，误伤美夷数人，其事遂寝，而夷患遂炽。咸丰三年，贼踞金陵，闻美酋亦曾于向荣处托人关说，请以兵船助剿。未知向荣曾据以入奏否？英、法两夷犯广东省城时，美酋未尝助逆。上年天津击败夷船时，美酋即首先赴京换约，并无异词。是美夷于中国时有效顺之诚，而于英、法诸夷，并非固结之党，已可概见。此次俄夷既称美商情愿领价采米，似可即饬薛焕与美酋面订章程，妥为筹办。庶几暗杜俄夷见好中国市德美夷之心，而美夷知中国于彼毫无疑忌，或且输诚而昵就于我，未可知也。此次款议虽成，中国岂可一日而忘备？河道既改海运，岂可一岁而不行？如能将此两事妥为经画，无论目前资夷力以助剿济运，得纾一时之忧；将来师夷智以造炮制船，尤可期永远之利。区区愚虑所及，合并陈明，伏乞皇上圣鉴训示。谨奏。

【译文】

为遵照旨意答复事,请求皇上鉴察。

臣于十月二十五日,接到由军机大臣密寄的十月十一日上谕:"今年秋天的时候,英、法两国带兵入侵北京,双方已经交换条约,英法退兵。俄罗斯大使伊格那第耶夫,也随后跟着换约。俄国的这位大使在会见恭亲王奕䜣等人时当面说,发逆在江南等地横行霸道,请命令中国的官军在陆路对他们进行重兵围剿。俄国将会拨三四百人在水路共同攻击发逆,一定能够成功。又说,明年南方从水路运输粮食到北京,担心一路上或许会遇到阻碍,他在上海时,有美国商人及中国广东商人,情愿担当采办将台湾及外国产的大米运往天津。如果令他给上海领事馆的官员寄信,将来洋船和沙船都能够装载粮食,打着俄国、美国的旗帜,就可以确保粮食的安全等等。中国剿灭贼匪,运送漕粮,绝没有借助外国势力的道理,只是考虑到江浙地方上行政上已经瘫痪,兵力不足以剿灭贼匪,如果借助俄国兵的力量协同一起办理,如果能早日平定逆贼,那么我国的元气也能够渐渐恢复。但是

担心俄国贪求利益，借口协同我方剿办贼匪，或许还有其他的要求，不得不加以预防可能带来的后患。法兰西国的人在北京时，也曾有这个请求。着曾国藩等一起用心体察洋人。如果对我方的利多害少，那么可以当作救急的办法，立即快速奏明，等候谕旨定夺。至于代为运送南方漕粮这件事，江浙一带已经沦陷，明年能不能办理新的漕粮，尚无定议。但漕粮是朝廷储粮的主要来源，肯定是不能缺少的。该大使所说的采办运往天津一说，是否可行，以及应该如何妥善商议章程办理事宜，并着曾国藩、薛焕、王有龄视情形考虑，迅速具奏。特此以六百里快递秘密告之。"钦此。

可见皇上考虑周全，驾驭洋人的办法，通达权变的方略，无微不至，臣钦敬佩服不尽。就俄国大使所说的两件事作了一些考虑。

他所说关于拨洋兵三四百名帮助攻剿金陵长发逆匪一事。经过调查，大西洋英、法、美各国，依仗海船坚固，火炮巨大，在海上横行霸道。俄罗斯的国都靠着大西洋，所用的船炮以及所习的技艺，都能够与他们相抗衡，近来开始漂洋过海来与中国交通。这个国家和我国一向没有仇怨，他们请求用兵船帮助围剿发逆，自然没有其他的阴谋。康熙年间进攻台湾时，曾经调来荷兰国的夹板船相助，这也是中国借助于洋船的一个例子。但长江两千多里，上游安庆、芜湖等处，有杨载福、彭玉麟等人的水师，下游扬州、镇江等处，有吴全美、李德麟的水师。臣现又在长沙、吴城等地添造水师兵船，为明年开赴淮扬作准备。这说明安徽、苏南官军的力量薄弱是在陆路上而不是在水上，金陵发逆的横行也在陆地而不在水上。此时我们的陆军，从形势上来说没有能力立即打进金陵，即使俄国兵船由出海口进入长江往上驶，也不能立即收到两面夹击的效果。应当请求下命令给军机处领班大臣等人，告诉该大使，奖励他为我国效力的热情，但是应该推迟会师的期限，等到陆军收复安徽、浙江、苏州、常州各大城市后，再由我国统兵大臣通知该大使，派船来帮助剿办发逆。这样处置的话，对我方来说足以自立，对他们来说也乐于参与一桩有所成就的事。

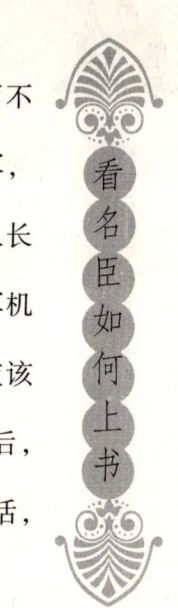

法兰西也有这个请求，也可以嘉奖并答应他们。同意他们前来帮助我方，表示我方对他们的感谢与信任，将会师的日期推迟，表明我方并不是因为危急而请他们来救援。自古以来，外国人帮助中国，成功之后，每次都会提出意外的要求。到那时办理失宜，或者会引起不必要的麻烦，倒不如我们与他们事先约定：多少只兵船，多少雇价，每只船上有洋兵多少名，每月需要多少饷银，军火等一切所需经费，都一一说明白。将来帮助征剿时，均由上海粮台支付。这样就可以免去争吵而杜绝今后可能引发的事端。

至于所说的让美国商人承包采办大米运往天津这件事，苏南、浙江府县有很多地方沦陷了，明年的漕粮，按情势来说采办将会遇到困难，美商、粤商情愿承包采办台湾产大米及外国产大米，从海路运到天津塘沽，实在是应变的紧要手段。俄国大使既然提出此事，

或许可以答应他们。除粤商采办的大米,应当由该商自行办理,不要张挂俄、美旗帜外,所有美商采办的运往天津的大米,也请命令薛焕在上海就近签订与该商的合约。粤商承包,必须有人担保。美商则由美国大使经理,应当不会耽误这次重要的供需。从时局来看,似乎也没有别的良策,请皇上仔细审察后酌情施行。

臣还有事情要请示。只有了解了洋人的国情,才能知道驾驭洋人的办法。以大西洋各国来说,最狡猾的是英吉利,其次是法兰西,俄罗斯的势力比英、法两国强大,曾经与英国争斗过,英国人对俄罗斯人有所害怕。美利坚人性格淳朴,他们对中国一直持有恭顺的态度。

道光十九年,英国借鸦片挑起两国之间的争端。事端的初期,英国的兵船闯进广州城里的珠江江面,美国大使曾到参赞大臣杨芳处呈递公文,愿意给两国做调停。英国头领义律很快就写出亲笔信,上面有"只求通商,不希企别的事情"等话,这就是说连烟价也不敢索取了。杨芳不敢自作主张,曾经将这件事上报朝廷。正好这时官军烧抢洋行,将几个美国人误伤。这桩事虽然平息了,但自此以后,来自外国的忧患也逐渐增大。

咸丰三年,贼人占据金陵,听说美国大使曾托人和向荣说,请示出兵船帮助征剿贼人。这件事不知向荣有没有上奏朝廷。英、法两国侵犯广东省城时,美国没有参与。去年天津击败洋船时,美国大使立刻第一个到北京换约，并没有说别的什么。这说明美国对中国随时都有效顺的诚意，而并没有站在英、法等国的一边。这次俄国既然说美商情愿承包采办大米，或许可以立刻命令薛焕和美国大使当面订立章程，妥善筹办。或许能够暗中杜绝俄国讨好中国，也借此机会向美国兜售其恩德的心思。而美国知道中国对于他们并没有猜疑忌恨，或许日后会向我国表示友好而亲近，这也是有可能的事。

虽然达成了这次赔款的协议，但中国怎么能一天忘记防备呢？河道运输既然改为海路运输，怎么能一年都不实行？如果能将这两桩事妥善安排筹划，无论是目前借助洋人的力量用来帮助征剿，得以缓解一时的忧患，将来向洋人学习如何来造炮制船，希望能够得到永久的利益。臣这一点小小的思虑，也一并禀告，请皇上鉴察指示。谨奏。

克复安庆省城片

咸丰十一年八月初二日

【原文】

再，正在缮折间，接到统领安庆全军即用道曾国荃禀称：八月初一日卯刻，官军用地雷轰倒安庆北门城垣，队伍逾壕登城，该逆仍用枪炮抵死拒敌。经我军奋勇直前，立将安庆省城克复，杀毙长发老贼二万余人。该逆情急，赴江内、湖内凫水遁窜，又经水师截杀，实无一人得脱。其老弱妇女，暂时擒缚，俟讯明分别斩释。四眼狗及伪辅王、璋王、王各股援贼，屯扎我军后壕之外，当破城时，列队远望，其胆已落，渐渐退去各等情前来。

臣伏查安庆省城，咸丰三年被贼陷据。九载以来，根深蒂固。自去冬合围至今，逆酋四眼狗迭次拼死援救，我军苦守猛战，辛得克此坚城，围杀净尽。军兴十载，惟五年之冯官屯、八年之九江、此次安庆之贼，实无一名漏网，足以伸天讨而快人心。至楚军围攻安庆，已逾两年，其谋始于胡林翼一人画图决策，商之官文与臣，并遍告各统领。前后布置规模，谋剿援贼，皆胡林翼所定。除臣即日前往安庆部署一切，及详细情形另由官文、胡林翼、李续宜会衔具奏外，所有克复安庆省城大概缘由，谨附片驰陈，仰慰宸怀，伏乞皇上圣鉴训示。谨奏。

【译文】

　　另外，正在誊抄奏折时，接到统领安庆全军即用道曾国荃的禀报：八月初一日卯刻，官军用地雷将安庆北门的城墙轰倒。官军跨过壕沟登上城楼，城内的逆匪仍然用枪炮拼死抵抗我军，但我军不惧危险，奋勇直前，立即收复了安庆省城，将两万多的太平军杀死。这批逆匪在迫不得已的情况下跳入长江及菱湖想要逃生，又有水师将他们全部截住杀死，证实没有一个人能够脱逃。其中暂时拘押了老弱妇女，等到审讯明了之后将他们斩首或释放。陈玉成（四眼狗）以及杨辅清（辅王）、林绍璋（璋王）、洪仁玕（玕王）带领援军，驻扎在我军后壕之外，当城墙被攻破的时候，他们列队远远地观看，吓破了胆，慢慢地都散去了。

　　臣查安庆省城自咸丰三年沦陷被贼军占据，九年以来，贼军的守城之势已根深蒂固。自从去年冬天围攻至今，逆贼首领陈玉成多次拼死救援，我军苦守猛战，终于收复了这座坚城，并将贼军杀得干干净净。战争爆发十年以来，唯有咸丰五年的冯官屯、咸丰八年的九江以及这次安庆城的贼军没有一个人漏网，足以伸张奉天讨逆的正义而大快人心。至于湘军围攻安庆已超过两年时间，这个设想起始于胡林翼一个人的精算策划，后来与官文和臣商量讨论过，又告诉了统领的部属。前前后后的布置规划，都是由胡林翼制定的。除开臣即日前去安庆部署一切，以及克复安庆的详细情况由官文、胡林翼、李续宜会衔具奏外，所有克复安庆的大致情形，谨附片迅速奏报，借以安慰皇上的关切之心，请皇上鉴察指示。谨奏。

沥陈前湖北
抚臣胡林翼忠勤勋绩折

咸丰十一年十月十四日

【原文】

奏为湖北抚臣忠勤尽瘁,勋绩最多,恭折奏祈圣鉴事。

窃前湖北抚臣胡林翼,由翰林起家,游历外任。咸丰五年三月,蒙先皇帝特达之知,由贵州道员,不及半载,擢署湖北巡抚。当是时,武汉已三次失陷,湖北州县大半沦没,各路兵勇溃散殆尽。胡林翼坐困于金口、洪山一带,劳身焦思,不特无兵无饷,亦且无官无幕,自两司以至州县佐杂,皆远隔北岸数百里外。一钱一粟,皆亲作书函,向人求贷,情词深痛。残破之余,十不一应。至发其益阳私家之谷以济军食,士卒为之感动。会湘勇自江西援鄂,军势日振。六年十一月,攻克武汉,以次恢复黄州等郡县。论者以为鄂省巡抚可稍息肩矣。胡林翼不少为自固之计,悉师越境,围攻九江,又分兵先救瑞州。督抚以全力援剿邻省,自湖北始也。九江围剿年余,相持不下,中间石达开自江西窥鄂、陈玉成自皖北犯鄂者三次,胡林翼终不肯撤九江之围回救本省之急。或亲统一军,肃清蕲、黄,或分遣诸将,驱归皖、豫,卒能克复九江,杀贼净尽,为东南一大转机。浔功甫蒇,复奏明以全鄂之力办皖北之贼。迨李续宾覆军于三河,胡林翼先以母丧归籍,未满百日,闻信急起,痛哭誓师,不入衙署,进驻黄州。论者又以李续宾良将新逝,元气未复,但可姑保吾圉,不宜兼顾邻封。胡林翼不以为然,惊魂甫定,即派重兵越二千里援解湖南宝庆之围。援湘之师未返,又议大举图皖。是时臣国藩方奉入蜀之命,胡林翼留臣共图皖疆,先灭发匪,保三吴之财赋,雪溥天之公愤。绘图数十纸,分致臣与官文暨诸路将领,昼夜咨谋。十年春间,大战于潜山、太湖,相继克之。遂定围攻安庆之策,亲驻太湖督剿。本年五月,回援鄂省,病中犹屡寄臣书,缕陈勿撤皖围、力剿援贼之策。故安庆之克,臣前奏推胡林翼为首功,此非微臣私议,盖在事文武所共知,亦大行皇帝所洞鉴也。

大凡良将相聚则意见纷歧,或道义自高而不免气矜之过,或功能自负,而不免器识之偏,一言不合,动成水火。近世将材,推湖北

为最多。如塔齐布、罗泽南、李续宾、都兴阿、多隆阿、李续宜、杨载福、彭玉麟、鲍超等，胡林翼均以国士相待，倾身结纳，人人皆有布衣昆弟之欢。或分私财以惠其室家，寄珍药以慰其父母。前敌诸军，求饷求援，竭蹶经营，夜以继日，书问馈遗，不绝于道。自七年以来，每遇捷报之折，胡林翼皆不具奏，恒推官文与臣处主稿。偶一出奏，则盛称诸将之功，而已不与焉。其心兢兢以推让僚友、扶植忠良为务。外省盛传楚师协和，亲如骨肉，而于胡林翼之苦心调护，或不尽知。此臣所自愧昔时之不逮，而又忧后此之难继者也。

军兴以来，各省皆以饷绌为虑，湖北三次失守，百物荡尽，乙卯、丙辰之际，穷窘极矣。自荆州榷盐，各府抽厘，鄂中稍足自存。胡林翼综核之才，冠绝一时，每于理财之中，暗寓察吏之法。咸丰三年，部定漕米变价，每石折银一两三钱，而各省州县照旧浮收，加至数倍，鄂省竟有每石十数千者，上下因之交困。胡林翼于七年春间，创议减漕，严裁冗费。先皇帝朱批奖谕，谓其不顾情面，祛百年之积弊，甚属可嘉。统计湖北减漕一项，每年为民间省钱一百四十余万串，为帑项增银四十二万两，又节省提存银三十一万余两。利国利民，但不利于中饱之蠹。向来各衙门陋规、台局浮费，革除殆尽。州县征役正课，不准浮取毫厘，亦不准借催科政诎之名，为滑吏肥私之地。各卡委员，日有训，月有课，批答书函，娓娓千言。以为取民赡军，使商贾皆知同仇而敌忾，是即所以教忠；多入少出，使局员皆知洁己而奉公，是即所以兴廉。贞白之士，乐为之用；欺饰之徒，谴责亦重。故湖北瘠区，养兵六万，月费至四十万之多，而商民不疲，吏治日茂，斯又精心默运，非操切之术所得与也。

自顷八月以来，安庆克复，江、鄂肃清，方幸全局振兴，便可长驱东下，不图大功未竟，长城遽颓。湖广督臣官文奏请将胡林翼敕部优恤，谅蒙圣慈矜鉴。臣与该故抚共事日久，相知颇深。咸丰四年，曾奏推胡林翼之才胜臣十倍；近年遇事咨询，尤服其进德之猛。不敢阿好溢美，亦不敢没其忠勋。谨将该故抚以死勤事大略情形，据实渎陈，伏乞饬付国史馆查照施行。胡林翼之子胡子勋，读书聪慧，可否加恩之处，出自愈格鸿慈。所有湖北抚臣忠勤尽瘁缘由，恭折附驿驰奏，伏祈皇上圣鉴训示。谨奏。

【译文】

为湖北巡抚忠诚勤政鞠躬尽瘁、功勋劳绩最多之事，恭谨具折，请求皇上鉴察。

前湖北巡抚胡林翼，出身翰林，一直在朝廷外担任官职。咸丰五年三月，蒙先皇帝的特别知遇，不到半年的时间就由贵州省的道员升任为代理湖北省巡抚。那时，武汉已经第三次被贼军占领，湖北大半的州县地方也已没入敌手，各路兵勇差不多全部溃败逃跑。胡林翼被困在金口、洪山一带，操劳焦虑，不仅没有军队军饷，而且也没有官吏幕僚，自藩司、臬司以至州县的办事人员，全都被隔在长江北岸的数百里外。一文钱一粒米，都要亲自写信向别人去求去借，这种情形难以用文辞表达，让人深感痛悯。湖北省在遭受敌军摧残后到处都是破败的景象，能够交相呼应的地方不到十分之一。以致于调运他在益阳家中的谷米来接济军队，士兵为胡林翼的行为而感动。等到湘军从江西援救湖北，军营的形势才渐渐振作起来。咸丰六年十一月我军收复了武汉，接下来陆续收复黄州等府县。有人说湖北巡抚总算能稍微松一口气了，但是胡林翼却没有过多地考虑自己的安危，而是将全部军队调离湖北围攻江西九江，又分兵救援瑞州。督抚用尽全力围剿邻近省份，就是从湖北开的头。九江城围剿一年多，相持不下，这其间石达开从江西出兵进犯湖北、陈玉成从安徽北部三次进犯湖北省，胡林翼始终不肯将围攻九江城的官军撤回去解本省的急难。胡林翼只是亲自率领一支军队，肃清蕲州、黄州，或者遣派其他的将领，将敌人赶回安徽、河南，九江终于在最后得以光复，敌人也被全部杀尽，成为扭转东南局面的一个转折点。

九江之战刚刚告捷，又奏明以全湖北的力量去剿灭安徽的贼匪。等到李续宾在三河全军覆灭，胡林翼先前因为母亲去世而回到原籍，还没到一百天，听到这个消息后急忙复出，痛哭誓师，连衙门都没进，直接在黄州驻扎。议论此事的人又说，李续宾是个良将，刚刚战死，军中元气大伤还没有恢复过来，只可暂时保卫我们自己的地方，不适合兼顾邻近的省份。胡林翼不以为然，心情刚刚稳定下来，立刻派重兵跨越两千里路程去救援并解除了湖南宝庆府的围困。援救湖南的军队还没有回来，又决定大举谋划收复安徽。那时，臣曾国藩正奉命令进入四川，胡林翼留下臣共同商量收复安徽的计策，先将发匪消灭，保护三吴的财产税收，以泄天下人的公愤。画了几十幅地理图，分送给臣和官员以及各路将领，日夜征询作战谋略。咸丰十年春天，在潜山、太湖一带双方激战，相继将这些城池攻克下来。于是又制定了围攻安庆的方案，亲自在太湖驻扎督促军队围剿敌军。今年五月，回去解救湖北的危局，患病期间还多次给臣寄信，细细陈述不要将围困安

庆的军队撤去，而且派遣援军全力剿灭敌人等策略。所以，安庆城的收复，臣先前的奏折中将胡林翼推为首功，这并不是臣的个人意见，而是参与此事的文武官员们都知道的，也是大行皇帝生前所看到的。

  只要是有才能的将领们聚在一起很容易出现各种意见分歧，或者自以为道德品性比别人高，所以难免有矜持之气，或者是自负有功能干，而不免胸怀有些狭窄，一句话说不到一块儿去，彼此之间就水火不容。近世有才干的将领，湖北最多，如塔齐布、罗泽南、李续宾、都兴阿、多隆阿、李续宜、杨载福、彭玉麟、鲍超等。胡林翼将他们看作国士，与他们结交，这些良将每个人都与胡相处得很好，就像普通人家的兄弟之间一样快乐。或是拿出自己的私人银子送给他们补贴家用，或是寄珍贵的药品安慰他们的父母。对于在前线的各路军队请求饷银、救援，胡都想方设法夜以继日地予以经营办理，满足他们的要求。他在驻地里不断地向各地发出书信及赠送的物品。自从咸丰七年以来，每遇到报捷的奏折，胡林翼从来都不自己向上报奏，总是推让给官文与臣处来主稿。偶尔出具奏折，则尽量称颂将领的功劳，而不说自己的功劳。他总是兢兢业业地将功劳推让给僚属朋友，扶植贤良忠诚的人作为自己的本职。外省广泛传扬湘军之间的关系友好和睦，彼此像亲兄弟一般，而胡林翼在其中一直苦心协调来维护相互之间的关系，或许不完全知道。这是臣心里惭愧比不上胡林翼，又担心此后没有人能够继承。

战争爆发以来，各省为军饷短缺经常忧虑，湖北省曾经失守过三次，百物都被扫荡干净，咸丰五、六年的时候，粮饷十分匮乏。自从在荆州征收盐税、在各府抽取厘金后，湖北才稍稍能够自给。胡林翼综合考核的才能冠绝一时，每每在理财之中，暗藏考察官吏才干的方法。咸丰三年，户部规定漕粮价格改变，每一石折合银子一两三钱，但是各省各州县仍然多收钱，而且增加了几倍，湖北省竟然有每一石收十多千的，上下都因此而交相困难。胡林翼在咸丰七年春天提出减少漕粮折价，严厉裁去过多费用的建议，先皇帝朱批褒奖，说他不顾情面，将百年来的积弊剔除，实在值得嘉奖。统计湖北省减漕这一项，每年能为民间省下一百四十多万串钱，为国库增银四十二万两，又节省提存银三十一万多两。利国惠民，而中间过手的那些贪污的官员捞不到好处。将各种衙门陋规及台局多收的费用的弊端，全部予以革除。州县征收的法定赋税，不准多收一毫一厘，也不准借着征收法规上的疏漏，为奸滑的办事人员留下为自己谋取利益的余地。各厘卡的委员，每日有训令，每月有考查，批复下面的书函能够达到数千言。他认为将百姓的钱财提出来赡养军队，应使商贾都知道同仇敌忾的道理，这就要靠忠诚来教育他们；收入要增多支出应减少，使局员都知道廉洁自律而奉献公家，这样做才能兴起廉洁的风气。忠贞坦白的人，乐意被他所使用；欺骗蒙哄之徒，对他们的谴责也很重。虽说湖北虽然是贫瘠地区，却能供养六万军队，每月的费用高达四十万两，而商贾百姓都没有绝对应付不了，吏治也越来越好，这都是精心谋划的结

果，而不是靠用手腕就能办到的。

　　自八月以来，安庆城克复，江西、湖北省得以肃清，正庆幸全局振兴，就可以直驱向东，没有想到大功还没有完成，长城骤然倒塌。湖广总督官文奏请将胡林翼交由吏部优厚抚恤的折子，想必皇上已经看到。臣与该故巡抚共事的时间很长，相互之间交往很深。咸丰四年，曾经在奏折中推举胡林翼，说他的才干比臣强过十倍。近年来与他一起商量各种事宜，更佩服他在德行方面的进步。臣不敢虚夸说假话，也不敢埋没他的忠勋。谨将该故巡抚忙于处理国事的大致情形据实向上陈述，请求命令国史馆调查后遵照施行。胡林翼的儿子胡子勋，读书聪慧，是否格外眷顾予以加恩？所有关于湖北巡抚胡林翼忠勤而死的原因，恭谨具折交由驿站奏报，请求皇上鉴察指示。谨奏。

恳辞节制

浙省各官及军务等情折

咸丰十一年十一月二十五日

【原文】

奏为钦奉恩旨,沥陈下情,恭折复陈,仰祈圣鉴事。

窃十一月十五日,准兵部火票递到十月十八日内阁奉上谕:钦差大臣两江总督曾国藩,着统辖江苏、安徽、江西三省,并浙江全省军务,所有四省巡抚、提镇以下各官,悉归节制。浙江军务,着杭州将军瑞昌帮办。并着曾国藩速饬太常寺卿左宗棠驰赴浙江剿办贼匪,浙省提镇以下各官,均归左宗棠调遣。钦此。

同日,承准议政王军机大臣字寄,十月十八日奉上谕:

本日已明降谕旨,令曾国藩节制浙江全省军务,并令江苏、安徽、

江西、浙江巡抚、提镇以下各官，悉归节制。该大臣自不能不统筹兼顾。况安庆克复，湖北、江西将次肃清，自不至有顾此失彼之虞。着曾国藩即饬左宗棠带领所部，兼程赴浙督办军务，浙省提镇以下，统归调遣。至都兴阿在江北剿办粤匪、袁甲三在皖北剿办捻匪，遇有紧要军务，已谕令该将军会商曾国藩办理。其江北、皖北地方文武，该将军等谅亦时有调遣之处，并着曾国藩谕令该文武等仍遵都兴阿等调遣，不得因已归该大臣节制，于都兴阿、袁甲三派办公事，稍涉玩视，是为至要等因。钦此。

仰见圣主廑念东南，择人任使之至意。跪读之下，惶悚莫名。

臣于未奉谕旨之先，业将左宗棠定议援浙，并节制广信、徽州各军，会同江西抚臣毓科具奏在案。伏念臣自受任两江以来，徽州失守，祁门被困，竭蹶之状，屡见奏报。幸托圣主威福，仅得自全。至于安庆之克，悉赖鄂军之功。胡林翼筹划于前，多隆阿苦战于后，并非臣所能为力。江苏各郡，群盗如毛，乃臣自分应办之事。受命年余，尚无一兵一卒达于苏境。是臣于皖则无功可叙，于苏则负疚良深。乃蒙皇上天恩，不责臣以无效，翻令兼统浙江军务，并四省巡抚、提镇以下悉归节制。此非常之宠遇，臣自顾非材，实难胜任。

自九月以来，浙省军情，日见危急，臣与毓科、左宗棠等往复函咨，商谋援救。徒以地段太宽、兵力太薄，既须援浙，又须顾皖，又须保江，三者有并重之势，一时乏兼全之策。直至十月下旬，始定议左宗棠由衢州援浙，从正路以张军威；鲍超由宁国援浙，从旁路以掣贼势。大局所系，必应统筹，臣本未敢稍涉推诿，不必有节制浙省之名，而后尽心于浙事也。

兹钦奉谕旨，令浙省提镇以下，均归左宗棠节制，事权更一，掣肘无虞。臣已咨催左宗棠迅速启行。但以臣遥制浙军，尚隔越于千里之外，不若以左宗棠专办浙省，可取决于呼吸之间。左宗棠前在湖南抚臣骆秉章幕中赞助军谋，兼顾数省，其才实可独当一面。应请皇上明降谕旨，令左宗棠督办浙江全省军务，所有该省主客各军，均归节制，即无庸臣兼统浙省。吁恳天恩，收回成命。在朝廷不必轻假非常之权，在微臣亦得少安愚拙之分。其浙省军事，凡臣思虑所能到，才力所能及，必与左宗棠竭诚合谋，不敢稍存畛域。如因推诿而贻误，即求皇上按律而治罪，臣不敢辞。臣忝任江督，三省巡抚、提镇以下各官，例得节制，载之会典，著之敕书，各文武亦均恪遵宪章，不必更加申诫。至袁甲三、都兴阿各路军情，谨当随时商办。其江北、皖北地方文武，臣已严饬仍归该大臣等节制，不得稍涉玩视。

大抵用兵之要，贵得人和而不尚权势，贵求实际而勿争虚名。臣惟当与各僚属同心图治，共济艰难，以慰先皇在天之灵，上佐圣主中兴之业。伏恳皇上俯鉴愚忱，允臣所请，不胜感激悚惧之至。所有钦奉恩旨沥陈下情各缘由，谨缮折由六百里复陈，伏乞圣鉴训示。谨奏。

【译文】

此次上奏是为了敬奉圣旨,陈述下面的实情,谨慎地写奏折回复,请求皇上鉴察。

十一月十五日,接到从兵部寄来的密件,上面有十月十八日内阁所奉的上谕:"命令钦差大臣两江总督曾国藩统辖江苏、安徽、江西三省以及浙江全省的军务,这四个省所有的巡抚、提督、总兵以下各级官员,全部都归曾国藩管制。浙江的军务,由杭州将军瑞昌协助办理。并且命令曾国藩速派太常寺卿左宗棠马上奔赴浙江办理剿匪的事情,浙江省提督、总兵以下各官,都归左宗棠管理调遣。"钦此。

同一天,收到了由议政王军机大臣发来的公文,上面有十月十八日所奉的上谕:"本日已经下达明文,让曾国藩管制浙江全省的军务,并且命令江苏、安徽、江西、浙江巡抚、提督、总兵以下各级官员,全部都归他管制。该大臣自己应该不能不统筹兼顾。更何况安庆已经克复,湖北、江西将次第肃清,自然不会有顾此失彼的担忧。命令曾国藩马上委派左宗棠带领部下,日夜兼程赶到浙江督办军务。浙江省提督、总兵以下,统归左宗棠管理调遣。至于都兴阿在江北剿办粤匪、袁甲三在皖北剿办捻匪，遇到紧急军务的时候，已经命令他们与曾国藩一起商量着办理。江北、皖北的地方文武，都兴阿、袁甲三谅必也时常有调遣的时候，着曾国藩命令地方文武依旧遵照都兴阿等的调遣，不得因为已经归该钦差大臣节制，而于都兴阿、袁甲三所派办的公事有所怠慢。这是这关重要的一点。钦此。"由此可见皇上挂念着东南地区，选择合适的人予以委任调遣的深意，臣跪读之后惶恐不已。

臣在没有接到这道谕旨之前，已经将要派左宗棠对浙江进行援救，并且节制广信府、徽州府各军，与江西巡抚毓科会衔具奏。臣自从接受两江总督任职以来，徽州城失守、祁门县被围困，军事艰难的情况，在奏报上屡屡见到。幸而托了皇上的威福，仅仅得以保全自我。至于安庆城的克复，完全是湖北军队的功劳。胡林翼在前面策划，多隆阿在后面进行苦战，并不是臣的能力所能够办到的。江苏各府县盗贼多如牛毛，这是微臣分内应该办理的事情。接受任命已经有一年多了，还没有一兵一卒抵达江苏省境内。面对这样的状况，臣对于安徽来说没有任何功劳可言，对于江苏来说，有很深的愧疚感。承蒙皇上的大恩，没有因为臣无功加以责备，反而又让臣兼统浙江省的军务，而且四省的巡抚、提督、总兵以下的文武官员全部交给臣管制，这种非同寻常的宠遇，臣认为没有才能，实在难以胜任。

自从九月份以来，浙江省的军情日益危急，臣与毓科、左宗棠等人反复以信函的方式商量援救的事情，只是因为地段太宽、兵力薄

弱，既需要援救浙江，又需要顾及安徽，还需要保全江苏，三者属于并重的情势，一时没有全面兼顾的策略。直到十月下旬，才决定让左宗棠从衢州援救浙江，从正路来伸张军威；鲍超从宁国援救浙江，从旁路来对贼匪的势力进行牵制。大局当下，一定要统筹兼顾，臣本来就不敢稍有推诿，所以不用必须有节制四省的名义，而后才尽心尽意办理浙江的事情。

现在接到圣旨，命令浙江省的提督、总兵以下的武员，都归左宗棠管制，事与权更加统一，不用再担心有人从旁牵制，影响工作。臣已经发函催促左宗棠快速起程。但是，让臣来远远地控制浙江军务，还隔着千里的距离，不如让左宗棠专门管理浙江省，能够及时做出决定。左宗棠先前在湖南巡抚骆秉章幕府中参谋军事，兼顾数省，他的才能的确可以独当一面。请皇上明降谕旨，让左宗棠督办浙江全省的军务，所有在该省的本地部队以及外来部队，均归他管制，而不需要臣来兼着统辖浙江省，诚恳地请求皇上收回已经发出的命令。对朝廷而言，不用轻易地授予非常大权；对臣来说，也可稍稍使我安于小小的本分。至于浙江省的军事，凡是臣所能想到的一定尽自己的力量办到，必然会与左宗棠竭诚合作，不敢因为不是自己的辖地而掉以轻心。假若因为是推诿责任而造成过失的话，请皇上按照律令治臣的罪，臣决不敢推辞。

臣既然惭愧地担任两江总督，那么三省的巡抚、提督、总兵以下的各级官员，按条例应该管制，这是载之于会典上，写在敕书上的，各级文武也应该严格遵照宪章办事，不必要再加以申诫。至于袁甲三、都兴阿各路军情，谨遵命自当随时商办。江北、皖北的地方文武，臣已经下严令仍归该大臣等人管制，不得稍有轻视怠慢。

大体上说，用兵最重要的就是贵在人和而不在权势，最可贵的务求实际而不是争得虚名。臣只有与各僚属同心图治，共济艰难，以便安慰先皇在天之灵，辅佐皇上中兴之业。恳求皇上能够理解臣的一片愚忱，答应臣的请求，不胜感激惶恐之至。所有接奉圣旨陈述出下面的各种缘由，恭谨地写下奏折，六百里快速送至，请皇上鉴察指示。谨奏。

请起用沈葆桢折

咸丰十年五月初三日

【原文】

奏为请旨起用告养回籍之道员,以固东防而资熟手,恭折奏祈圣鉴事。

窃臣拟三路分兵进取,业经同日奏明。臣由徽池一路前进,贼必由衢、广等处窥犯江西,为牵制驰突之计。江西之东防,即浙江之上游,亦即福建、皖南之关键。是衢、广一路,防兵最为吃重,非得威惠素著之大员,不能得力。

查告养按察使衔九江道沈葆桢,明而能断。咸丰六年在署广信府任内,坚守郡城,保全东路,嗣蒙简用监司,仍留防务,筹兵筹饷,吏畏民怀。八年春,石逆自抚、建倾巢窜浙,卒不敢直犯郡城。其后李元度守广丰、玉山,均因该道接济得全。其去广信也,士民遮道攀辕,来臣处递呈请留者凡十数次。该道以二亲年老，又事多掣肘，力请告归。现当时局艰难，闻该道双亲尚健，自应先国后家，共励澄清之志。合无仰恳天恩，俯准敕下福建抚臣，传谕该道，迅由本籍驰赴江西，由臣会商抚臣奏委署理地方官，仍办理广信防务，节制在防文武。将来再请简补司道各缺，以期呼应灵通，于大局必有裨益。至该道器识才略，实堪大用，臣目中罕见其匹。谨会同江西抚臣毓科合词附驿具陈，伏乞皇上圣鉴施行。谨奏请旨。

【译文】

为了请求降旨重新任用告老回乡的道台,借用熟悉情形的人员巩固东部的防守,恭谨地写下奏折,希望皇上明察。

臣打算兵分三路向江南进军,已经在同一天内备拟奏折奏明。臣从徽州、池州一路前进,贼军必定会从衢州、广信等地寻机进犯江西,以此来牵制我军。江西的东南防守,是浙江的上游,也是福建、皖南军事重地所在。所以,衢州、广信一路的防守最为重要,需要恩威并重、声名素著的大员才能够胜任此项工作。

经过调查,告假回乡侍奉双亲的按察使衔九江道员沈葆桢,是一个精明果断的人。咸丰六年代理广信知府,他坚守广信府城保住了东路,后来又承蒙皇上的提拔为道员,依然在广信留守,处理防守军务,筹集兵饷招募士兵,官吏对其十分敬畏,百姓对其也是感激不尽。咸丰八年春天,贼匪首领石达开从抚州、建昌一带带兵流窜到浙江一带,却不敢贸然进攻广信府城。从这之后李元度镇守广丰县和玉山县,都是因为他在这里坚守才得以保全广信。他离开广信的时候,乡里百姓都前来为他送行,甚至还有人拉住他的坐骑想要挽留他,光是臣收到的挽留贴就有十几份。

沈葆桢道员因为双亲年事已高，又因为处理事情时处处受到限制，所以才极力请辞回乡养老。如今，时局紧张，听说他的双亲身体还很康健，自然要先顾好国家才能够顾好家庭，共同激励澄清世乱的志向。臣恳请皇上，答应臣的请求，命令福建巡抚把圣旨传给这名道员，然后让其从本籍快速赶往江西上任，由臣和江西巡抚商议之后任命他为代理地方官，依旧操办广信府的政务，管理在防守职务上的文武官员。将来再授予其司道的职位，以求能够协调指挥，对现今的大局会产生很重要的作用。至于这个道员的器识才略，确实值得大用，在臣的心中，鲜少有人可以和他相提并论。我恭敬地和江西巡抚毓科一起写了奏折由驿站呈递，请求皇上明察批准。谨奏请旨。

参翁同书片

同治元年正月初十日

【原文】

再，前任安徽巡抚翁同书，咸丰八年七月间，梁园之挫，退守定远。维时接任未久，尚可推诿。乃驻定一载，至九年六月，定远城陷，文武官绅殉难甚众。该抚独弃城远遁，逃往寿州，势穷力绌，复依苗沛霖为声援，屡疏保荐，养痈贻患，绅民愤恨，遂有孙家泰与苗练仇杀之事。逮苗逆围寿，则杀徐立壮、孙家泰、蒙时中以媚苗，而并未解围。寿城既破，则合博崇武、庆瑞、尹善廷以通苗，而借此脱身。苗沛霖攻陷城池，杀戮甚惨，蚕食日广，翁同书不能殉节，反具疏力保苗逆之非叛，团练之有罪。

始则奏称苗练入城，并未杀害平民，继则奏称寿州被害及妇女殉节者不可胜计，请饬彭玉麟查明旌恤，已属自相矛盾。至其上年正月奏称苗沛霖之必应诛剿一折三片，脍炙人口。有"身为封疆大吏，当为朝廷存体制，兼为万古留纲常。今日不为忠言，毕生所学何事"等语，又云"誓为国家守此疆域，保此残黎"，俨然刚正不屈，字挟风霜。逮九月寿州城破，翁同书具奏一折二片，则力表苗沛霖之忠义。视正月一疏，不特大相矛盾，亦且判若天渊。颠倒是非，荧惑圣听，败坏纲纪，莫此为甚！

若翁同书自谓已卸抚篆，不应守城，则当早自引去，不当处嫌疑之地；为一城之主，又不当多杀团练，以张叛苗之威。若翁同书既奉谕旨，责令守城，则当与民效死，不当濡忍不决；又不当受挟制而草奏，独宛转而偷生。事定之后，翁同书寄臣三函，全无引咎之词，廉耻丧尽，恬不为怪。

军兴以来，督抚失守逃遁者皆获重谴，翁同书于定远、寿州两次失守，又酿成苗逆之祸，岂宜逍遥法外？应请旨即将翁同书革职拿问，敕下王大臣九卿会同刑部议罪，以肃军纪而昭炯戒。臣职分所在，例应纠参，不敢因翁同书之门第鼎盛瞻顾迁就。是否有当，伏乞皇上圣鉴训示。谨附片具奏。

【译文】

另外,前任安徽巡抚翁同书,于咸丰八年七月在梁园战败之后退守定远县,那个时候他刚接任不久,尚且可以推卸责任。之后驻守定远县城一年,到了咸丰九年六月,定远城池陷落,有很多文武官员以及乡绅百姓都殉难了,该巡抚独自弃城自保逃到寿州府,势尽力竭的时候又依附苗沛霖为声援,屡次保举推荐苗沛霖,养虎为患,士绅百姓愤恨,于是就出现了孙家泰与苗沛霖团练互相仇杀的事情。等到苗沛霖围攻寿州的时候,则杀死了徐立壮、孙家泰、蒙时中来向苗沛霖献媚,但是并没有解围。寿州城池被攻破之后,就联合博崇武、庆瑞、尹善廷接交苗沛霖,并且借此脱身。苗沛霖攻陷城池之后,杀戮十分惨重,蚕食之地一天天扩大。翁同书自己不能殉节,反而上书竭力担保苗逆不是叛变,而是团练的罪责。

奏报中一开始说苗沛霖的团练进城并没有杀害平民,接着又奏报寿州被害人以及殉节妇女不计可数,请求下令彭玉麟查明表彰抚恤,这已经是自相矛盾。至于去年正月奏报应该诛剿功沛霖的一折三片,脍炙人口。其中既有"身为封疆大吏，自当为朝廷保存体制，兼及为万古留下纲常。今日若不能给朝廷以忠言，那么毕生所学究竟是为着何事"等语，又说"发誓为国家守候这片土地，保护这里残余下来的黎民"，俨然一副刚正不屈，字句之间夹着风霜的样子。到九月寿州城被攻破，翁同书上奏一折二片，着力表扬了苗沛霖的忠义。与正月间那道奏折相比，不仅自相矛盾，而且判若霄壤。如此颠倒是非，迷惑皇上的视听，败坏纲纪，再也没有什么能比翁的这种作为更令人憎恨的了。

如果翁同书自己说已经解除了巡抚职位，不应该再有守城的责任，那么就应该早日自行引退，不应该身处嫌疑之地；作为一城之主，又不应该多杀团练，以助长叛逆苗沛霖的威风。倘若翁同书已经遵守谕旨，下令守城，那么就应当为百姓而以死报效，不应该柔忍不决；更不应该受人挟制而草拟奏折，委曲求全而偷生。事情完结之后，翁同书寄给臣的三封书信中完全没有引咎自责的词句，廉耻丧尽，恬不知耻。

自战争爆发以来，总督巡抚失去城池逃跑的，都得到了严厉的惩罚。翁同书在定远、寿州两次失守之后，又酿成苗逆大祸，怎么可以容忍他逍遥法外？理应请旨立刻将翁同书革职锁拿审讯，下令由王大臣、九卿会同刑部议罪，以此严肃军纪而训诫文武官员。臣因为职责所在，按照惯例应该纠察参劾，不敢因为翁同书的门第鼎盛而犹豫

迁就。是否妥当，请求皇上鉴察指示。谨册于折后具奏。

查复何桂清退守情形折

同治元年八月二十九日

【原文】

为遵旨查明复奏，仰祈圣鉴事。

窃臣接准部咨，同治元年五月初七日奉上谕：

刑部奏，据何桂清呈出司道公禀，请饬查办等语。何桂清弃城逃避罪名，业经大学士会同刑部审拟具奏。惟据片称：该革员呈出司道公禀一件，系前任江苏按察使查文经、前任江宁布政使薛焕、前任江南盐巡道英禄、江安粮道王朝纶于丹阳失守后，联衔禀请何桂清退守苏州各情。该司道等均有地方之责,当常州危急之际,应如何帮同总督竭力守御,乃联衔禀请退守苏州,显系见事危急,意在同逃。徐有壬原参折内,亦有何桂清率领地方官退避之语。若不从严查办,何以肃军律而饬官方!着曾国藩、李鸿章将该司道当时如何联衔具禀,及如何退避各情形,据实查明具奏;其苏、常等处各逃官,一并查明参办;殉难各员,并着查请议恤,以示劝惩。钦此。

臣比即咨商李鸿章,在于苏境详查。旋据通商大臣薛焕递到节略一函,内抄录廷寄二件,奏稿二件,咨稿一件。据称:薛焕于咸丰九年十二月补授江宁布政司,奉旨饬令随同何桂清办理夷务。十年三月,奉命帮办通商事件。闰三月初旬,由上海转棹常州,奉旨饬令单衔奏事。二十四日,何桂清钦奉十八日密寄谕旨"至所称薛焕应否预饬来京,此言殊属非是。天津非议和之地,该大臣仍当饬薛焕迅赴上海,设法挽救"等因。钦此。薛焕旋于三十日拜疏起程。折尾声明:即日前赴上海,相机酌办。维时何桂清业已议定移驻苏州,其司道公请之禀,系查文经主稿。迨何桂清批发后,亦系查文经录批转咨薛焕。嗣于四月十一日,抚臣徐有壬奏,调薛焕回苏办理防务。奉旨:"着不准行。"钦此。录送各件到臣皖营。

臣伏查刑部奏请饬查司道四人中,惟薛焕官职最大。兹该大臣抄送案据,前既奉有迅赴上海之旨,后又奉有不准回苏之旨,则是理应离开常州之职。军机处必有档案可稽。其禀请移驻一节,系属随众联

衔，并非别有私图。此外如查文经业已革职，臣奉五月二十六日密谕，另有交查事件。英禄业由吴棠奏参，以原品休致。王朝纶列衔在末，不过随同画诺。臣在外多年，忝任封疆，窃见督抚权重，由来已久。黜陟司道，荣辱终身。风旨所在，能使人先事而逢迎，既事而隐饰。不特司道不肯违其情，即军民亦不敢忤其意。

十年七月，嘉兴大营将弁联名数十，具呈请留何桂清在苏，暂不解京，求臣转奏。由王有龄移咨到臣。臣暗加察访，不过通知军中数人，并非合营皆知，是以未及代奏，而王有龄已两次具奏。观营员请留之呈，则司道请移之禀，盖可类推，无庸深究。

疆吏以城守为大节，不宜以僚属之一言为进止；大臣以心迹定罪状，不必以公禀之有无为权衡。区区愚见，不审有当万一否。除查文经交查之案，另行复奏，苏、常等处逃官，由李鸿章汇案会参外，所有遵旨查明缘由，谨会同署江苏巡抚臣李鸿章，恭折复奏，伏乞圣鉴训示。谨奏。

【译文】

为了遵从圣旨调查明确回奏,请求圣上鉴察。

臣接到从刑部发来的咨文,文中抄有同治元年五月初七日所奉的上谕:"刑部奏,据何桂清呈递出司道等人上的公禀,请下令调查办理等语。何桂清'弃城逃避'的罪名,早已通过大学士会同刑部一道审讯拟定上奏。但是根据奏片所称:这个已经革职的两江总督呈递出一份有司道多人签名的禀帖,也就是前任江苏按察使查文经、前任江宁布政使薛焕、前任江南盐巡道英禄、江安粮道王朝纶在丹阳失守之后,联名禀请何桂清退守苏州等情形。这些司道都有保卫地方的责任,当常州处于危急的时候,应该帮助总督竭力全力地守城、抵御敌人才是正理,他们却联名禀请求退守苏州,这显然是看到事态危急,打算一起逃跑。徐有壬的参折里面也有何桂清率领地方官逃退躲避等说辞。如果不从严查办,如何能够整肃军纪而号令官场!命令曾国藩、李鸿章将这些司道当时如何联名禀报以及如何逃避等情形,据实查明备文上奏;苏州、常州等地的所有逃官,也一道查明参办。

殉难的各位官员，一起查清上请抚恤，以示国家的奖惩分明。"钦此。

臣立即给李鸿章写信商量，在江苏省境内详细调查。不久，根据通商大臣薛焕递到的通报一份。里面有抄录内阁公文二件，奏稿二件，咨询稿一件。据称：薛焕在咸丰九年十二月补授江宁布政使，奉圣命随同何桂清办理洋务。十年三月，奉圣命帮办通商事务。闰三月上旬，由上海调到常州，奉圣命可以自己的名义奏事。二十四日，何桂清接到十八日密旨：至于所称薛焕应不应该预先命令来京，事实并不是这样。天津并不是议和的地方，该大臣仍然应该命令薛焕迅速去上海设法挽救等。钦此。薛焕即刻在三十日拜疏起程。折尾声明：当天前往上海斟酌办理。那个时候何桂清已经决定移驻苏州。那份司道公请的禀帖，是查文经主的稿。等待何桂清批复之后，也是查文经抄录批文转告薛焕。接着在四月十一日，江苏巡抚徐有壬奏请调薛焕回苏州办理政务。奉到圣旨："不予批准。"钦此。抄录寄送以上各种文件寄到臣所在的安徽军营。

臣仔细查看刑部奏请的四位司道中，只有薛焕的官职最大。该大臣抄送的案据，有先前接到迅速去上海的圣旨，后来又接到不准回苏州的圣旨，那么理应卸下常州的官职。这些在军机处的档案中都可以查到。至于他所上报请求移驻的那篇文字，应该属于跟随众人一起联名，并不是别有私心。此外，如查文经也已经革职，臣所奉的五月二十六日密旨中另有交待查办的事。英禄也已经由吴棠所奏参，以原来的官位衔名退休。王朝纶列名在最后，不过跟着写一个名字罢了。臣在外地多年，勉勉强强地做封疆大吏，所见的督抚的权力重大，是由来已久了。他们可以罢免或提拔司道一级的官员，让下属一辈子或荣或辱。督抚的一句话可以起到风吹草偃的效果，可以让人曲意迎合在先而又隐瞒粉饰在后。不但司道一级的官员不愿意违抗他们的意愿，即使是普通军民也不敢违逆他们的心思。

咸丰十年七月，嘉兴的军营有数十位将领联名上帖请求挽留何桂清留在江苏，暂时不解往京师，请求臣代为转奏。这份帖子由王有龄送到臣这里的。臣通过暗中访问调查得知这件事只是军营中几个人所为，并不是全营人的意愿，所以没有为之代奏，而王有龄已经两次将事情奏报。从军营请求何桂清留下这件事便可以得知司道请何桂清移驻苏州的内幕，两者可以类推，不需要再深入探究。

封疆大吏应该以守卫城池作为高尚的节操，不应该因为僚属的一句话作为进退的凭证；大臣以心中的所思所念作为定罪的根据，不必以有没有公禀来权衡。这只是臣的区区愚陋之见，不知有没有万分之一的妥当之处。除了查查文经的案子另外复奏，苏州、常州等处的

溃逃官员，由李鸿章将材料汇集后参劾外，所有遵照谕旨查明的情形，将与江苏巡抚李鸿章一起署名，恭敬拜折回复，请求圣上鉴察指示。谨奏。

请简亲信大臣会办军务片

同治元年闰八月十二日

【原文】

再，大江南岸各军疾疫盛行，臣于八月二十九日附片具奏在案。近日秋气已深，而疫病未息。宁国所属境内最甚，金陵次之，徽州、衢州次之。水师及上海、芜湖各军，亦皆厉疫繁兴，死亡相继。鲍超一军，据初二日开单禀报，除已瘥外，现病者六千六百七十人，其已死者数千，尚未查得确数。宁国府城内外，尸骸狼藉，无人收埋。病者无人侍药。甚至一棚之内，无人炊爨。其军中著名猛将如黄庆、伍华瀚等，先后物故。鲍超亦染病甚重。合营将领，因其关系至大，一面禀明臣处，一面用舟送鲍超至芜湖养病。张运兰一军，驻扎太平、旌德等处，病者尤多，即求一缮禀之书识、送信之夫役，亦难其人。

张运兰送其弟之榇至祁门，亦自患病，尚难回营。皖南道姚体备至岭外查阅一次，归即染病不起。臣派营务处四品卿衔甘晋至宁国一行，现亦染病回省。杨岳斌自扬州归来，亦抱重病。

天降大戾，近世罕闻。恶耗频来，心胆俱碎。若有大股贼匪扑犯宁国、旌、太等处，鲍超、张运兰两军不特不能出队迎战，并不能坚守城垒；不特不能坚守以待外援，并不能预逃以待再振。若扑犯金陵、徽州，亦深恐病者太多，战守皆无把握。数年来，千辛万苦战争之土地，由尺寸而广至数百里，倘有疏虞，何堪设想！若皖南藩篱一坏，则江西内地空虚，毫无足恃。兴言及此，忧心如焚。而皖北苗、捻两患，时时可虑。袁甲三、李续宜皆将回籍，唐训方新来，诸事且萃于微臣一人之身。疾疫之灾既如彼，责任之重又如此，臣自度薄德不足以挽厄运，菲才不足以支危局。譬诸担夫，力能负百斤者，增至百二十斤则汗流而蹇，增至百五十斤则僵踣矣。臣力本不胜百斤，今且增至数十倍之重，僵踣不足惜，倘遂贻误大局，敢不祗惧！

合无吁恳皇太后、皇上天恩，简派在京亲信大臣，驰赴大江以南，与臣会办诸务，分重大之责任，挽艰难之气数。臣具有天良，断不敢稍存推诿，致误戎机。今年军事甫顺，而疾疫流行，休咎之征，莫可推测。中夜默思，惟求德器远胜于臣者主持东南大局，而臣亦竭力经营而左右之，庶几补救于万一。区区愚忱，伏乞圣慈垂鉴训示。谨奏。

【译文】

另外，长江南岸各军疫病盛行的情况，臣已经在八月二十九日的附片禀报。近日秋天的寒气已经很重，但是，疫病还没有停止。江西宁国府境内的情况最为严重，其次是金陵，安徽徽州及浙江衢州又次之。水师以及上海、芜湖各军也都暴发了可怕的疫病，并且十分严重，很多人相继死去。单是鲍超的部队，据初二日报来的名单，除了已经痊愈的不算外，现在正病养的士兵为六千六百七十人，已经死亡的人达到数千人，目前还没有查到确凿的数目。宁国府城内外，到处都是尸骸，无人收埋。生病的人，没有人为其侍奉汤药。甚至一棚（译者注："棚"大致相当于现在的"班"）之内已经没有人生火做饭了。鲍超军中著名猛将如黄庆、伍华瀚等都已经先后染病死去。鲍超本人也被感染了，病得十分严重。全营的将领因为这件事关系重大，一面向臣这里禀报，一面用船将鲍超送到芜湖去养病。张运兰的军队驻扎在太平、旌德等处，患病的人更多，以至于想找一个誊抄禀帖的文书与送信的夫役，都很困难。张运兰送他弟弟的灵柩到祁门，自己也被感染，眼下还很难回到军营。皖南道员姚体备到岭外视察了一次，回来之后就感染了疫病，卧床不起。臣派营务处的四品卿衔甘晋到

宁国去了一趟，现也已经被感染得病回了省垣。杨岳斌从扬州回来，也得了重病。

上天降下这么大的灾难，近几十年来很少见到，死人的消息频繁传来，让人心胆俱碎。此时如果有大股贼匪来攻打宁国、旌德、太平等处，鲍超、张运兰两支军队不但不能列队迎战，而且也不能坚守城池堡垒；不但不能坚守，等待外援，而且也不能事先逃走以便日后重振旗鼓。如果攻打金陵、徽州，也会担心生病的人太多，战与守都没有把握。几年来费了千辛万苦依靠打仗所夺回的土地，由一尺一寸而扩大到数百里，倘若有所疏忽失误，后果不堪设想！如果皖南这道藩篱被破坏，那么江西内地就如同空城，就丝毫没有什么可以依靠的了。一时想到这点，我就忧心如焚。而皖北的苗沛霖、捻军两个祸害，又时时令人担忧。袁甲三、李续宜都将要回原籍，唐训方初来乍到，各种事都集中在臣一个人的身上。瘟疫的灾难是这样的严峻，责任又是如此的重大，臣自己揣度德行凉薄不足以挽救厄运，才力微弱不足以支撑危局。好比担夫，力气只能挑一百斤的，增加到一百二十斤则大汗淋漓而两脚不稳，增加到一百五十斤，就只能倒卧于地了。臣的力气本不能挑百斤，现在却增加到数十倍的重量，倒卧在地上不足惜，如果因为这样而贻误大局，那怎么能不感到恐惧！

是否可以请求皇太后、皇上施恩，派遣在京师的亲信大臣赶紧来到江南，与臣一起办理各种事情，以便分担臣的重大责任，挽回艰难的气数。臣有忠于朝廷的天良，决不敢借此稍稍存有推诿的心，以致耽误军事。今年的军事刚刚比较顺利，而又遇上瘟疫流行。上天奖惩的征兆，真是难以预测。半夜里静静思考，只有请求德行才器远胜过臣的人来主持东南大局，而臣会竭尽全力在旁边协助，或许可以稍微做一些补救。这一点愚诚之心，恳求皇太后、皇上鉴察指示。谨奏。

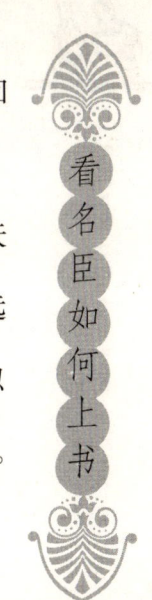

恳辞曾国荃补授浙抚并谢恩折

同治二年四月二十二日

【原文】

奏为恭谢天恩，沥陈下情，仰祈圣鉴事。

窃臣接准兵部火票递到同治二年三月十八日内阁奉上谕：浙江巡抚着曾国荃补授。"钦此。当即恭设香案望阙叩头谢恩讫。又恭读寄谕：浙省系左宗棠兼辖，既兼署巡抚，尤责无旁贷。曾国荃着仍统前敌之军驻扎雨花台，一意相机进取，以图金陵，毋庸以浙事为念。"等因。钦此。

仰见皇上破格录用，委曲培成之至意。唯是受恩愈重，报称愈难。现在发、捻纷乘，苗练复叛，军情反复，世变环生，每与臣弟国荃寓书儆惕，惭悚交并。本年二月臣至雨花台大营，与臣弟共处八日，慨兵事之方殷，感主恩之极渥，中夜奋兴，互相诫勉。

以大局论之，沿江三千里名城要隘，皆为我有。加以浙东列郡，苏、松各属，次第克复，凡山川筋脉之地，米粮百产之源，该逆一无可恃，未尝不托圣朝之威福，冀功绪之可成。而一念夫拓地日广，顿兵坚城，戍守之卒太多，游击之军太少，师老饷竭，士气渐疲，群盗如毛，饥饿四窜，窃号之寇未灭，流贼之患或兴，则又为之蹙额欷歔。愧臣兄弟谬当重任，深恐上辜君恩，下负民望，遂陷于大戾而不自知。忧灼之余，每思避位让贤，稍分责任，又不敢数数陈奏上渎宸聪。

上年正月间，臣密陈金陵未克以前，不再加恩臣家。诚以功名之际，终之始难，消长之机，盈则必缺，曾蒙寄谕嘉许，俯鉴愚忱。臣弟国荃旋擢藩司，已叨非分。今又特沛恩纶，授以开府之荣，专其治军之责。闻命而后，已阅兼旬，臣与臣弟两次函商，欲固辞，则颇涉矫情，思立异于当世；欲受事，则不自量力，惧贻讥于方来。再四踌躇，诚恐治军无效，倾覆寻至，不如少安愚拙之分，徐图尺寸之功。惟有吁恳天恩收回成命，俯准臣弟以开缺藩司效力行间，与臣随时熟筹战守，相机进取，或者以勤补拙，以恐致福，迅克坚城，殄除丑类，稍答高厚鸿慈于万一。

除由臣弟国荃专折沥陈外，所有微臣感激下忱，理合缮折叩谢天恩，伏乞皇太后、皇上圣鉴。谨奏。

【译文】

为了答谢皇上的隆恩,陈述下面的情况,请求皇上鉴察。

臣接到由兵部秘密送来的同治二年三月十八日内阁所奏的上谕:"浙江巡抚由曾国荃补授。"钦此。当即便摆置了几案香火,恭敬地对着皇宫的方向叩头谢恩。又恭敬地宣读寄来的上谕:"浙江省是左宗棠管辖的地方,既然兼任代理巡抚,自然就责任旁贷。依然任命曾国荃带领前敌军队在雨花台驻扎,全心全意地进攻敌军,以便尽早收复金陵,不要牵挂浙江省内的繁琐事务。"等因。钦此。

从中知道皇上对臣破格录用,大有着重培养的意思。只是臣所受的皇恩越重,臣也就越难报答。如今太平军、捻军都趁势而来肆意妄为,苗沛霖的团练再一次叛变,军情反反复复,变化多端不可预测。臣和弟弟国荃每次为这件事情而相互寄信函以此警惕,惭愧和惶恐交加产生。今年二月臣到雨花台大营,和臣的弟弟在一起住了八天,对于目前战事的关键时期感慨万千、也感激皇上的厚重恩德,经常到了半夜还在兴奋地交谈着,互相勉励。

从整个大局来说,沿着长江三千里的名城要隘都已经先后收复,

成为我方所有。再加上浙江东部各府以及苏州、松江两府的所属州县也都先后收复，那些山川中的险要之地，谷米粮食百物盛产的地方，都没有被贼匪占领。这全是依靠皇上的圣明才得来的威福，希望剿贼行动能够尽快成功。不过一想到国家的疆土日益扩张，将军率领军队都在重要的城池间驻扎，这样一来，守卫的将士太多，能够游击作战的部队太少，会导致军营的战斗力逐渐衰败，粮饷枯竭，士气也日渐低迷，各种盗贼相应而生，饥饿的人到处流窜，还没有消除窃取国号的强寇，又兴起了流窜的贼匪。这些事，臣想来便愁眉不展欷歔不已。臣兄弟对于自己的不称职之处感到非常惭愧，害怕上对不起皇上的圣恩，下对不起百姓的期望，最后引来了大祸却还不自知。臣在忧虑焦灼的时候，还想到要请辞让贤的办法，将肩上的责任稍微分掉一些，但是又不敢时常因为这件事情而惹皇上烦心。

去年正月，臣曾经密奏朝廷，在金陵没有收复之前就不要再给臣的家族加恩了。在功名场中，一个好的开始远远不及好的结局那般困难，消退和上长之间的机会都宣示着盈满之后肯定是缺。曾经因此而幸得皇上的嘉奖，体谅为臣的诚意。臣的弟弟曾国荃刚刚被提升为藩司，已经是格外的赏赐了。如今又得到特别的恩命，授予开府建衙的荣誉，还给予他带领兵士的权利。在得知这项任命的二十天里，臣和臣的弟弟互通了两封信函商量：要想坚决推辞，就显得有点太矫情了，还会让他人误认为我们想要在世人面前标新立异；如果接受了这项任命，那么就是不自量力，恐怕会留给后人耻笑的把柄。再三思量之后，确实担心没有治理军队的能力，而引来不必要的事端，这样倒还不如安分守己做好自己的本分，慢慢地一步一步地走向成功。只有恳求皇上收回成命，批准臣的弟弟以一个开缺藩司的身份在军营中效力，和臣一起详细筹划战守的事情，相机进取，或许能够借助勤奋来弥补愚拙，以谨慎处事来召致吉祥，迅速拿下坚固的城池，清除丑类，以自己的微薄之力来报答皇上的厚爱。

除了为臣的弟弟国荃的事情陈述缘由的折子之外，微臣本人心中的感激之情，理应也该写个折子叩谢天恩，请求皇太后、皇上鉴察。谨奏。

曾国荃因病请开缺回籍调理折

同治三年八月二十七日

【原文】

奏为据情代奏，仰祈圣鉴事。

窃据臣弟曾国荃咨称，"同治三年七月二十七日奉上谕：据奏，曾国荃于克城之后，心血过亏，困惫殊甚，欲请回籍调理，部勒散勇南归，求所为善始善终之道等语。该抚所见虽合于出处之道，而于茇臣谋国之谊，尚未斟酌尽善。况遣散勇丁，只须分派妥靠之员沿途照料。而现在江宁、安庆等城，均需督兵镇守，该抚正宜驻扎江宁，安心调理。一俟就痊，即可帮同曾国藩分任其劳。即著曾国藩传旨存问，无庸遽请开缺回籍。等因。钦此。"

"跪诵之下，悚感难名。伏念国荃受恩深重，每于荩臣谋国之谊，亦曾刻自惕励，以期仰答鸿慈于万一。只以读书太少，未能斟酌尽善。恭绎圣训，益自觉无地自容。现奉恩谕，准在江宁安心调理，复谕以就痊后分任其劳。国荃正当恪遵谕旨，赶紧医治就痊，于金陵一切善后事宜，有关吏治民瘼者，加意讲求，借资练习，何敢稍耽安逸，自外生成？惟一月以来，延医诊视，日进汤药，病势有增无减。缘怔忡旧患，起于心血先亏，而成于忧劳过甚。从前数月一发，尚可支持，近则一月数发，日增狼狈。每至举发之时，粥饭不能下咽，彻夜不能成眠，始觉气如奔豚，上冲胸际，渐至心神摇动，头晕目眩，平地有颠仆之虞。医者云，症由内伤，必须静养数月，医药方能见功。国荃自揣年力壮盛，及早医治得法，尚可复元；若此勉力支撑，精神不能周到，措置必至乖方。思维再四，惟有吁恳天恩，赏准开缺回籍调理，冀得早就痊愈。国荃以书生从戎，恭膺疆寄，迭沐殊恩，曾未入觐天颜，跪聆圣训。倘得病势稍愈，自当销假入都，泥首宫门，借伸数年犬马恋主之忱。至现在遣散勇丁已近万人，派员照料回籍。其余专俟饷到，次第遣撤。又，派过皖北者一万一千人，交刘连捷、朱南桂、朱洪章统带，已于十二、三等日过江，驰援英、霍。其防守金陵城池及附近要隘万余人，业已分段布置，登陴守御。江浙四省，指日可报肃清。修整贡院，九月可以完竣。国荃别无经手事件，惟冀回籍养病，稍息仔肩。"等情，恳请代奏前来。

伏查臣弟曾国荃，春夏之交，饮食日减，睡不成寐，臣曾陈奏一次。然以一人而统九十里之围师，与群酋悍贼相持，自无安枕熟睡之理，亦系将帅应尝之苦，臣尚不甚介意。迨克城之后，臣至金陵，见其遍体湿疮，仍复彻夜不眠，心窃虑之。近十数日，不得家书，询之来皖差弁，知其肝火上炎，病势日增，竟不能握管作字。幸值撤勇就绪，军务业经大定，地方又无专责。合无仰恳圣恩，俯如所请，准曾国荃开缺，回籍调理。一俟病体就痊，即令奏请销假入都陛见，跪求圣训。所有臣弟国荃因病吁请开缺缘由，理合据情代奏，伏乞皇太后、皇上圣鉴明示。谨奏。

【译文】

为依据实情而代为奏报事宜,请求圣上鉴察。

根据臣的弟弟曾国荃所寄来的公文中说,"同治三年七月二十七日接到圣旨:根据所呈递上的奏折说,曾国荃在拿下金陵城之后,心血过于亏损,每日觉得疲惫厉害,想要请求回乡调理身体,组织遣散乡勇回归湖南,想要让自己所做的事情能够善始善终等。该巡抚的见解虽然合乎出处之道,但是对于忠臣谋国之义,还没有妥善考虑。况且将勇丁遣散,只需要安排好妥当的人对其沿途照顾也就可以了。而今江宁、安庆等城都应该派兵将镇守,正需要该巡抚驻扎在江宁以资统辖,暂时安心调理,一经痊愈,就可以继续协助曾国藩,分担他的忧愁。由曾国藩立刻传达圣意予以慰问,不要急着请求开缺回籍等,钦此。"

跪着诵读了上谕之后,心中惶恐之情无法言喻。臣曾国荃深受皇恩,也经常用忠臣谋国的道理来激励自己更加努力,以求能够报答皇上隆恩的万分之一。只是因为没有读过太多书,也没能完全理解书

中的意思。恭敬诵读皇上的训词，更是觉得无地自容。如今接到恩谕，批准臣在江宁悉心调理，还指示臣病好后继续为曾国藩效劳。曾国荃理应严格按照圣旨的意思，赶快把病治好，然后加倍努力用心做好金陵的善后事宜以及相关的吏治民生等，以此来锻炼自己，还怎么敢稍稍追求安逸，节外生枝？只是这一个多月来，每天请医生看病，每日都坚持吃药，但是病情却没有一丝好转的迹象。其主要原因便是怔忡老病，起源于心血先天亏损，在加上过度的忧劳疲惫才造成的。以前都是几个月才发作一次，尚且还能够支撑，而是近来都是一个月内发作好几次，弄得更加狼狈不堪。每次发病的时候，就连简单的稀饭也无法下咽，经常彻夜不能眠，刚开始的时候感觉有一股气在心头就好比小猪一样四处乱跑，冲向胸部，渐渐地变得心神摇动，头晕目眩，就连在平地上走路都会担心摔倒。医生说，病因主要在于内伤，需要好好地静养几个月，按时吃药才能有效果。曾国荃自认为年轻气壮，如若趁早医治，就还有治愈的可能；如果还像现在这般，勉强支撑，无法全神贯注，处理事情的时候肯定会出现错误。经过再三的考虑，只有恳请皇上批准他免职回乡调理，希望能够尽快痊愈。曾国荃以书生的身份投身军营，一直做到巡抚，几次都受到特殊的照顾，却还不曾进京拜见皇上，聆听皇上的教训，如果病情稍微好转一些候，自当销假进京，在宫门外叩首，借以抒发多年来皇上的提拔之情。如今遣散的勇丁已经达到了上万人，并且派了专人一路照顾返回原籍。剩余的只要饷银一到，便依次遣散撤回。此外，派往皖北的一万一千人，全部交由刘连捷、朱南桂、朱洪章率领，已经在十二、三等日渡过长江，迅速支援英山、霍山。其中防守金陵城池以及附近关要的上万人，也都已经分段布置，登上城墙把守。

江浙等四省，也可以很快得到肃清。贡院的修整工程，九月份便可以完工。除了这些以外，曾国荃便没有其他的经手文件，只是希望能够早日回到原籍养病，把肩上的担子尽早的卸下来等情形一一告知，恳请代为呈递奏折。

臣弟曾国荃，自春夏之交以来，每日的饮食减少，睡觉也无法安稳，臣曾经查明奏报过一次。以一个人的力量带领包围九十里之长的军队，和很多头领以及凶悍的贼军相对峙，自然也就没有时间睡一个安稳觉了，这都是身为将帅的本分之事，臣心里倒是不怎么介意。等到攻克城池之后，臣到达金陵，见他全身都是湿疮，而且彻夜无法入眠，心里便渐渐担忧起来。最近十几天都没有接到家书，询问从金陵来到安徽当差的兵员，才知道他肝火旺盛，病势也一天天的加重，甚至已经到了无法握笔写字的地步。幸而撤军的事情已经安排妥当，军务大都也已经安定下来，地方上也没有由他专门负责的事情。是否能够恳请皇上施恩，批准他的奏请，免去曾国荃的职务，让他回乡调理病情。一旦身体痊愈，立刻命他奏请进京瞻仰皇上，跪求皇上的教训。所有关于臣弟曾国荃因病而请求免职的前前后后，按理应当根据实情代为奏报，请皇太后、皇上鉴察指示。谨奏。

江南贡院修复工竣拟即举行乡试请简放考官折

同治三年九月十一日

【原文】

奏为江南贡院建修工竣，定于十一月举行乡试，恳请简放考官，仰祈圣鉴事。

窃江南乡试，自咸丰九年在浙江借闱特开万寿恩科，并补行乙卯正科后，尚有戊午、辛酉、壬戌及本届四科，历经奏请展缓办理。迨本年六月，江宁省城克复，臣亲勘贡院，幸未全毁。当即鸠工庀材，饬派记名臬司黄润昌监视兴修，于八月十三日奏陈大概。旋据该员以要工完竣，绘图呈验，臣于九月初一日自安庆起程，初七日舟抵金陵，初九日至贡院查验工程，所有主考、监临、提调、监试、房官各屋，誊录、对读、弥封、供给各所，新造者十之九，修补者十之一。号舍一万六千余间，新造者十之一，葺补者十之九。又因江南人文荟萃，向虑号舍不敷，酌就闹外圈入隙地，以备将来添建号舍之用。臣逐段勘验，现仅号板未全，牌坊及油饰未毕，约计九月二十日前，一律完竣。工坚料实，焕然一新。两江人士，闻风鼓舞，流亡旋归，商贾云集。现在已通饬各属，出示晓谕，定于十一月举行乡试。

江南监临，向系江苏、安徽两省巡抚分科轮办。本届甲子及补行戊午各正科，系属江苏轮值之年。臣已咨明抚臣李鸿章，请其届时前来，入闱办理监临事务。其提调、监试各官，向例于江、安两省藩、臬、道、府大员中调派。内帘十八房，则于科第出身、实缺州县中考充。如实缺人数不敷，即于两省候补之即用大挑、拣发各班挑选。现值地方多系新复，实缺人员寥寥无几，所有内外帘各执事，应由监临官循例分别调取。

至江南正副考官，向章八月乡试，系于六月二十二日简放主考。礼部于二十日进本。此次十一月举行乡试，似应于九月二十二请旨简放考官。向章江南主考，由徐州、临淮、滁州驿路行走。目下滁州等驿尚未整饬，应改由清江浦、扬州驰驿南来，以免迟误。前此咸丰九年借用浙闱举行己未恩科，并补行乙卯正科。安徽取中正额，因皖北赴考人数较少，奏准先中六成，酌留四成，计两科存留中额三十六名，

俟皖北肃清后，于下科乡试补中。目下英、霍贼退，全皖将次肃清，应否将所留三十六名于本科补中之处，请旨敕下礼部核议，知会正副主考查照办理。所有贡院工竣，举行乡试，请旨简放考官缘由，恭折由驿五百里驰奏，伏乞皇太后、皇上圣鉴训示。谨奏。

【译文】

为江南贡院修建工程已经完工，乡试定于十一月举行，恳请委派考官的事情，请圣上鉴察。

江南乡试，从咸丰九年以来在浙江借杭州贡院特开万寿恩榜，并补行乙卯年的正科后，尚有戊午、辛酉、壬戌及本届一共四科，都是经过奏请同意后延期办理。到今年六月，江宁省城收复，臣亲自前往贡院勘查，幸好并没有遭到完全毁坏。便立即召集工匠准备好各项材料，并且委托记名臬司黄润昌负责监督修复，并在八月十三日的奏折中描述了此事的大体情况。不久，黄润昌所监督的工程基本上已经完成，绘图禀报请求验收。臣于九月初一日从安庆出发，于初七日乘船到达金陵，初九日来到贡院检验工程，所有主考、监临、提调、监试、房官等官员居住的房间，誊录、对读、弥封、供给等一些办公场地，有九成以上的地方都被重新建造，只有十分之一的地方人工修补。一万六千多间号房，重新建造的有十分之一，修缮的则是占了十分之九。又因江南人才众多，总是担心号房不够用，又在贡院外面整理出一些空地，以备将来增建号房之用。臣一段一段地实地检验，

现在仅是号板还没有健全，牌坊以及油漆没有完工，大约在九月二十日之前就能够全部竣工。工程坚固材料结实，使得整个贡院焕然一新。两江地区的读书人，听说这个消息后都高兴万分，在外流亡的人也忙着赶回家，商人也都从外地齐聚集于此。现在已经发布公文通知各有关部门，贴出告示，乡试定于十一月举行。

江南乡式的监临，一直都是江苏、安徽两省巡抚分科轮流任职。本届甲子科以及补行的戊午各正科，应该轮到江苏省巡抚当值了。臣已经给巡抚李鸿章去函，让他按时前来金陵来办理监临事宜。至于提调、监试各官，根据一定的比例在江苏、安徽两省中的藩司、臬司、道员、知府等大员中调派。内帘十八房阅卷的官员，则是从科第出身而且是在职的州县长官中通过考试而择友任职。如果现任人员不够用的话，则要从两省候补官员中的"大挑"、"拣发"两种出身的人中挑选。当下正是州县城镇新近收复的时候，现任人员却是寥寥无几，所有内帘、外帘的办事人员，都应该由监临官根据比例分别调取。

至于江南乡试的正副主考，按照惯例是八月的乡试，要在六月二十二日委任主考，礼部在二十日提交名单。这次的乡试是在十一月份举行，好像应该是九月二十二日请旨委任考官。根据以往的规定，江南乡试的主考官都是顺着徐州、临淮、滁州这条驿路南下。眼下滁州等地的驿站还没有修整好，应该改由沿着清江浦、扬州一路南下，免得延误时间。先前在咸丰九年借用了浙江的贡院举行己未年恩科，并且补行过乙卯年正科。根据安徽省所提取的中单人数，因为皖北赴考人员比较少，所以经奏请先中六成，留下四成，两科总共留下三十六个名额，等皖北肃清后在下科乡试中补入。现在，英山、霍山的贼军已经撤退，整个安徽即将次第肃清，是否将所留下的三十六个名额在此次补充，还请皇上下文给礼部核定商议，并且通知正副两主考按照此规定办理。所有关于贡院竣工、举行乡试、请旨委派考官等事情，恭谨由驿站以五百里急件奏报，请求皇太后、皇上鉴察指示。谨奏。

副将刘世玉复姓归宗片

同治四年二月十四日

【原文】

再,据副将刘世玉禀称:"世玉家住衡郡,籍隶清泉。生父颜宗臣、生母李氏现年均臻七十有奇。前因家计赤贫,两胎孪生,世玉兄弟四人,无乳鞠养,遂将世玉抚与刘姓为义子。后抚父刘耀鳌、抚母吴氏得生三子,目下皆已成人。今年抚父母相继弃世,业经安葬守墓,稍酬教育之恩。而生父母风烛堪虞,胞兄弟事养缺乏,恳请复还颜姓,冀尽乌鸟反哺之私,以符水木本源之义"等语前来。臣复查该副将所请复姓归宗,委无别项事故,应请敕部查照,更正施行。谨会同兵部侍郎臣彭玉麟附片具陈,伏乞圣鉴训示。谨奏。

【译文】

此外，根据副将刘世玉的禀报说，"刘世玉家住衡州府，籍贯为清泉县。他的生父颜宗臣、生母李氏如今都是七十岁高龄。早先因为家中异常贫困，两胎都是双胞胎，世玉兄弟四个，没有足够的奶水喂养，于是世玉的父母便将其托付给一刘姓人家收为养子。后来养父刘耀鳌、养母吴氏又生了三个儿子，现在都已经成人了。如今他的养父母都先后去世，已经将其安葬并且守丧完毕，稍稍酬谢教育之恩。而亲生父母也似风中之烛，境况堪忧，胞兄弟都没有足够的能力来赡养父母，恳请能够恢复其原来的姓氏颜姓，希望能够尽些孝道，也符合水木当归其原本根源的道理"等，前来报告臣处。臣核实这个副将所请复姓归宗的事情，确实没有其他的原因，应该提交给相关部门知道，并依此改正。谨会同兵部侍郎彭玉麟附片陈述，请求圣上鉴察指示。谨奏。

参考文献

[1] 曾国藩著，李瀚章. 曾国藩奏折 [M]. 中国致公出版社，2011.

[2] 唐浩明. 唐浩明评点曾国藩奏折 [M]. 华夏出版社，2011.

[3] 唐浩明. 晚清第一奏折——唐浩明评点曾国藩奏折 [M]. 岳麓出版社，2004.

[4] 曾国藩著，李瀚章编. 传忠书局刻本：曾国藩奏折 [M]. 中国致公出版社，2011.

[5] 唐明浩. 唐明浩评点曾国藩奏折 [M]. 华夏出版社，2009.

[6] 唐浩明. 唐浩明评点曾国藩奏折 [M]. 岳麓出版社，2008.

[7] 程林著. 曾国藩全集 [M]. 北京燕山出版社，2012.

[8] 曾国藩著. 曾国藩全集 [M]. 苏州古吴轩出版社有限公司，2010.